Nützliche Reisetips von A - Z

KANADA-OST
(Québec, Maritimes)

1991

Hayit Verlag Köln

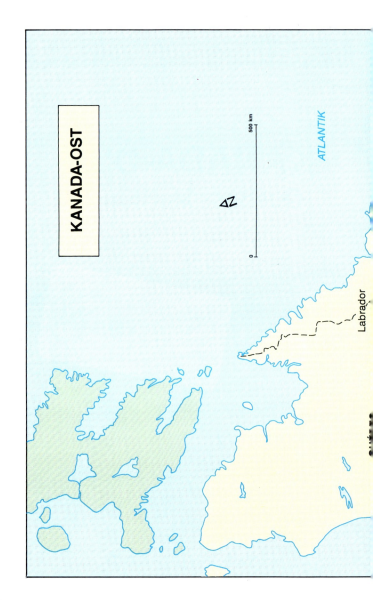

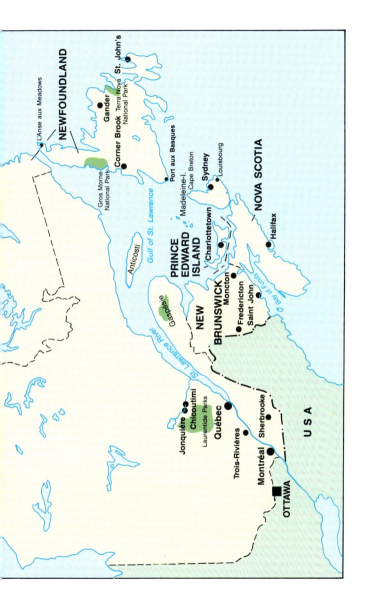

Die Deutsche Bibliothek — CIP-Einheitsaufnahme
Bentfeld, Jo:
Kanada Ost (Maritimes, Québec) / [Autor: Jo Bentfeld]. - Köln : Hayit, 1991
  (Nützliche Reisetips von A - Z)
  ISBN 3-89210-329-1
NE: HST

1. Auflage 1991
ISBN 3-89210-329-1

© copyright 1991, Hayit Verlag GmbH, Köln
Autor: Jo Bentfeld
Satz: Hayit Verlag GmbH, Köln
Druck: Meininger Druck GmbH, Neustadt a.d.W.
Fotos: Fremdenverkehrsamt Tourisme Québec, Düsseldorf; Kanadisches
Fremdenverkehrsamt, Frankfurt; Thomas Stankiewicz
Karten: Ralf Tito

2.6/05.1/Hu/Wa

Alle Rechte vorbehalten   All rights reserved
Printed in Germany

Was Sie beim Gebrauch dieses Buches wissen sollten

Bücher der Serie ,,Nützliche Reisetips von A—Z" bieten Ihnen eine Vielzahl von handfesten Informationen. In alphabetischer Reihenfolge klar gegliedert finden Sie die wichtigsten Hinweise für Ihre Urlaubsreise. Querverweise erleichtern die Orientierung, so daß man, auch wenn das Stichwort, beispielsweise ,,Ferienwohnungen", nicht näher beschrieben wird, jederzeit das ausführlich behandelte Stichwort findet, hier: ,,Unterkunft". Auf thematisch verwandte Stichworte wird ebenfalls häufig verwiesen. Z. B. sind unter dem Stichwort ,,Medikamente" folgende Verweise aufgeführt: ,,Ärztliche Versorgung", ,,Reiseapotheke", ,,Apotheken", ,,Impfungen".

Mit Reiseführern der Serie ,,Nützliche Reisetips von A—Z" beginnt die umfassende Information bereits vor Antritt Ihrer Urlaubsreise. So erfahren Sie alles von Anreise über Dokumente und Kartenmaterial bis zu Zollbestimmungen. Das Reisen im Land wird erleichtert durch umfassende Darstellung der öffentlichen Verkehrsmittel, Autoverleihe sowie durch viele praktische Tips von der Ärztlichen Versorgung bis zu den Zollbestimmungen.

Die Städtebeschreibungen, die ebenfalls alphabetisch geordnet sind, enthalten die wichtigsten Fakten über die jeweilige Stadt, deren Geschichte sowie eine Beschreibung der Sehenswürdigkeiten. Zusätzlich enthalten die Städte-Kapitel eine Fülle an praktischen Tips — von Einkaufsmöglichkeiten, Restaurants, Unterkünften bis zu den wichtigsten Adressen vor Ort. Doch auch das Hintergrundwissen für die Reise kommt in dieser Serie nicht zu kurz. Wissenswertes über die Bevölkerung und ihre Kultur findet sich ebenso wie über die Geographie, die Geschichte, die aktuelle politische Lage und die wirtschaftliche Situation des Landes.

Inhalt

Ortsverzeichnis

Appalachen	10
Bay of Fundy	13
Cape Breton Highlands National Park	17
Charlottetown	20
Fortress of Louisbourg	29
Fredericton	30
Gaspésie	36
Gros Morne National Park	41
Halifax	42
Kouchibouguac National Park	60
Labrador	60
L'Anse aux Meadows	64
Laurentide Parks	65
Madeleine-Inseln	65
Montréal	69
New Brunswick	82
Newfoundland	87
Nova Scotia	93
Präkambrischer Schild	99
Prince Edward Island	99
Québec City	105
Québec / Provinz	118
Saint John	129
St. John's	134
St. Lawrence River	137
Terra Nova National Park	139

Allgemeine Informationen

Ärztliche Versorgung	7
Akadien	7
Angeln	8
Anreise	9
Apotheken	11
Automobilclubs	12
Autovermietung / Autokauf	12
Benzin	16
Camping	16
Dokumente	24
Einkaufen	25
Essen und Trinken	26
Feiertage und Feste	27
Gold	34
Geschichte	37
Hudson's Bay Company	46
Indianer	50
Informationen	52
Inuit	53
Jagd	53
James Bay Project	54
Kanada	56
Karten	56
Kleidung	58
Konsulate	59
Maritimes	68
Maße und Gewichte	68
Moskitos	81
Öffnungszeiten	98
Post	98
Radio und Fernsehen	121
Reisen im Land	122
Restaurants	128
Schußwaffenkauf	132
Städtische Straßensysteme	133
Strom	138
Telefonieren	138
Telegramme / Geldüberweisungen	139
Temperatur	139
Trinkgeld	140
Unterkunft	141
Verkehrsbestimmungen	142
Währung	142
Zahlungsmittel	143
Zeit	143
Zoll	144

Ärztliche Versorgung

Die Krankenvorsorge und die medizinische Betreuung sind in Kanada hervorragend organisiert und von hoher Qualität. Entsprechend hoch sind die Kosten. Ein Tagessatz im Krankenhaus liegt bei 1000 DM! Außerdem verlangen die Provinzen noch Aufschläge von Ausländern, die behandelt werden.
Zwar wird kein Notfall jemals wegen fehlenden Geldes abgewiesen, aber die Bezahlung muß dann doch geregelt werden.
Daher ist jeder gut beraten, sich vor Antritt seiner Reise bei seiner Krankenkasse zu informieren, ob sie die Behandlungskosten in Kanada voll übernimmt und wie die Bezahlung abgewickelt werden muß.
Zwischen der BR Deutschland und Kanada besteht kein Sozialversicherungsabkommen, daher übernehmen die gesetzlichen Krankenkassen keine Kosten. Es empfiehlt sich, eine private Krankenversicherung abzuschließen, die für wenig Geld das Auslandsrisiko abdeckt.
In den „Visitors Bureaus" in den Großstädten erhalten Sie Adressen und Telefonnummern von deutschsprachigen Ärzten.

Akadien

Akadien ist die historische Bezeichnung für die ursprünglich französischen Siedlungsbereiche an der kanadischen bzw. nordamerikanischen Atlantikküste, im heutigen Bereich der Provinzen Maine/USA, New Brunswick und Nova Scotia/Kanada. Die französische Krone nahm diese Region für sich in Anspruch, weil der französische Kapitän und Entdecker Jacques Cartier aus Saint-Malo im Auftrage des französischen Königs Franz I. in den Jahren 1534/1535 und 1541 die westliche Atlantikküste erforscht und kartographiert hatte.
Die französische Oberherrschaft ging im Zuge des immer wieder neu aufgenommenen Ringens um die Herrschaft über Nordamerika zwischen England und Frankreich schrittweise verloren. Mit der Niederlage Frankreichs im Siebenjährigen Krieg von 1756 bis 1763 übergab Frankreich im Frieden von Paris die letzten seiner nordamerikanischen Besitzungen. Nur die kleine selbständige Kolonie Saint-Pierre-et-Miquelon wurde von Englands Unterhändlern übersehen und ist daher heute noch ein Depar-

tement von Frankreich. Die beiden nur 242 qkm großen Inseln erreicht man mit einer Fähre von Fortune aus. Von der Landschaftsbezeichnung (die vom klassischen „Acadien" des Altertums abgeleitet ist) wurde die Bezeichnung auf die französische Siedlerbevölkerung der Region übertragen. Die Akadier führen noch heute ein ausgeprägtes kulturelles Eigenleben innerhalb der multikulturellen kanadischen Bevölkerung. Eine offiziell anerkannte Flagge symbolisiert ihre Eigenständigkeit. Auch ohne besonderen Anlaß sieht man über Akadierdörfern auf Nova Scotia usw. die französische Trikolore flattern. Erst bei genauerem Hinsehen entdeckt man den goldenen Stern im ersten Feld: Stella Maris, den Stern Mariens, der Gottesmutter, Schutzpatronin der katholischen Akadier.

Angeln

Es ist unbedingt zu empfehlen, die Angelausrüstung mitzubringen. Der Fischreichtum der Bäche, Flüsse und Seen (Hechte, Forellen, Binnenlachse, Äschen und Saiblinge) ist unbeschreiblich, und wer gerne einen frischen Fisch in der Pfanne hat — hier kommt er auf seine Kosten.
In Kanada darf jeder angeln, man benötigt lediglich die Angellizenz, die man im Sport- und Angelgeschäft kaufen kann. Einzige Ausnahme bildet New Brunswick, wo Ausländer zur Behörde müssen. Es ist zu beachten, daß die Lizenzen nur für jeweils eine Provinz Gültigkeit besitzen. Wer innerhalb der Nationalparks angeln möchte, muß sich bei der Parkverwaltung um eine zusätzliche Lizenz bemühen. In den „Provincial Parks" usw. gilt die Provinzlizenz. Noch etwas komplizierter wird es durch die in einigen Provinzen gehandhabte Zweiteilung der Lizenz, z. B. in die allgemeine Angelkarte und in die ergänzende und gesondert zu bezahlende Lachsangellizenz. Es hilft nichts, man muß sich ständig vergewissern, ob man im Besitz der richtigen Erlaubnis ist!
Lediglich Sportangler, die ihre Angel in den Küstengewässern rund um die Maritimes (bekannt für die riesigen Thunfische, die sich hier tummeln) auswerfen, brauchen keine Lizenz.

Anreise
Anreise / **Mit dem Flugzeug**

Von Europa aus muß man den Atlantik überqueren, um nach Kanada zu gelangen. Wegen der verfügbaren Urlaubszeit wird hierfür im Regelfall das Flugzeug benutzt werden.

Flüge von zwei Gesellschaften sind besonders empfehlenswert, da sie wesentlich preiswerter sind als z. B. die von Air Canada, Canadian Airlines International und Lufthansa. Einziger Nachteil: Es handelt sich nicht um Direktflüge. Die holländische Gesellschaft KLM fliegt von allen größeren deutschen Flughäfen (z. B. Düsseldorf, Frankfurt, Hamburg, Köln/Bonn und München) Halifax und Montréal an. Zwischenlandungen werden in Amsterdam gemacht, in der Hauptsaison (15. Juni bis 14. August) kostet der Flug 1199 DM, in der Nebensaison 1089 DM. British Airways fliegt zum Preis von 1169 DM in der Hauptsaison und 949 DM in der Nebensaison Montréal an. Die Flüge können auf allen größeren Flugplätzen angetreten werden, Zwischenstopp ist in London. die angegebenen Preise (BA) gelten allerdings nur von Montag bis Donnerstag, an den anderen Tagen sind Preisaufschläge in Kauf zu nehmen.

Der häufig angebotene, sogenannte „Holiday-Tarif" ist relativ teuer: 1550 DM während der Woche, 1650 DM am Wochenende. Dafür sind es Direktflüge.

Einige Fluglinien bieten Sondertarife für junge Leute an, so z. B. Air Canada für Jugendliche zwischen 12 und 21 Jahren und Studenten zwischen 22 und 25 Jahren.

Der führende internationale Flughafen im Osten Kanadas ist der von Halifax, Nova Scotia. Hier bekommt man Anschluß an das gutausgebaute innerkanadische Flugnetz. Wichtig ist hierbei, Flugbuchung und -bezahlung in Europa vorzunehmen. In Kanada gekaufte Flugbillets sind bis zu 40 % teurer als in Europa.

Es werden außerdem eine ganze Reihe weiterer Flughäfen von einigen Abflughäfen in Europa direkt angeflogen, z. B. St. John's und Gander auf Newfoundland. Diese Ziele werden häufig von London aus direkt angeflogen.

Die beiden internationalen Flughäfen von Montréal heißen „Dorval" bzw. „Mirabel". Aérocar-Busse verkehren zwischen den beiden Flughäfen und

fahren in den Stadtkern. Von Dorval in die Innenstadt zahlt man 7 Can$ und von Mirabel 9 Can$.
Der Flughafen von Halifax heißt „Dartmouth International Airport", P.O. Box 470, Dartmouth NS B2Y 2Y8, Tel. (9 02) 4 27-55 00, liegt ca. 25 km nördlich vom Stadtzentrum und hat keinen Anschluß ans öffentliche Nahverkehrssystem. Die Fahrt mit dem Airport-Shuttle-Bus kostet bis „downtown"-Halifax 10 Can$ bzw. als Rundtrip 17 Can$. Die Busse fahren von 6-22 Uhr im Pendelverkehr zu den großen Hotels von Halifax und Dartmouth, halten aber auf Anforderung überall. Genauere Informationen erhält man bei: Airport Transfer Ltd., 71 Simmonds Drive, Dartmouth NS B3B 1N7, Tel. (9 02) 4 56-31 00.
Die **Weiterreise** ist mit VIA Rail-Personenzügen ab Halifax möglich. Der Bahnhof liegt im Norden des Stadtzentrums, 1161 Hollis Street, Halifax NS B3H 2P6, Tel. (9 02) 4 29-84 21. Von hier aus startet jeden zweiten Tag der Trans-Canada-Express zu seiner Fahrt quer durch den Kontinent bis nach Vancouver. Eine Weiterreise ist auch mit dem Überlandbus der Greyhound Partnergesellschaft für Nova Scotia möglich: Acadien Lines Ltd., 6040 Almon Street, Halifax, NS B3K 1T8, Tel. (9 02) 4 54-93 21. Der Busterminal liegt im Nordosten des Stadtzentrums, Ecke Robie und Almon Street (→Reisen im Land).

Appalachen

Die Appalachen sind einer der ältesten Gebirgszüge der Welt. Heute sind sie längst zu einem Mittelgebirge erodiert. Etwas jünger als das nördliche laurentinische Gebirge umfaßt es den Osten der USA und verläuft allmählich absinkend entlang der Küste nach Norden. In Kanada gehören die Maritimes bis zum St. Lawrence-Strom zu dieser Bergzone; ihre Inseln sind die letzten Ausläufer: Mit ihnen versinkt das Gebirge im Atlantik. Québecs südlicher Teil, südlich des St. Lawrence-Stromes, gehört noch dazu: die Gaspésie.
Die Appalachen gelten als besonders reich gesegnet mit Bodenschätzen aller Art. Für die Landwirtschaft sind sie jedoch ungeeignet. Für die an wenigen Talstellen reicht die Humusschicht für den Fruchtanbau aus. In der Region wird überwiegend Holzwirtschaft betrieben. Deshalb sind

riesige Bereiche südlich des St. Lawrence-Beckens Waldwildnis geblieben.

Auskunft →*Informationen*
Ausweispapiere →*Dokumente*

Apotheken

Mittel gegen Kopfschmerzen, Erkältung usw. kann man rezeptfrei in den Apotheken (pharmacy) kaufen. Spezielle oder ständig benötigte Medikamente (Pille, für chronische Krankheiten) sollte man jedoch grundsätzlich von zu Hause mitnehmen, denn in Kanada sind die meisten Mittel verschreibungspflichtig. Die häufig Supermärkten ähnelnden oder angeschlossenen Geschäfte sind in fast allen Fällen die ganze Woche und durchgängig geöffnet, ohne daß ein Aufpreis berechnet wird.
→*Ärztliche Versorgung*

Für Kanuten ideal — Kanadas wasserreiche Wildnis

Autobahngebühren →Reisen im Land

Automobilclubs

Die Automobilclubs der europäischen Länder haben alle ein Gegenseitigkeitsabkommen mit dem kanadischen Automobilclub CAA, Canada Automobile Association, geschlossen. Unter diesem Namen findet man die Geschäftsstellen im Telefonbuch. In abgelegenen Gegenden sind diese allerdings sehr spärlich vorhanden. Dafür ist überall die Polizei sehr hilfsbereit, die man telefonisch unter der Nummer „0" erreicht. Dann meldet sich der Operator, d.h. die Dame oder der Herr vom Amt, und verbindet mit der zuständigen Polizeidienststelle. Im übrigen ist in solchen Gebieten jedermanns Hilfsbereitschaft ein ungeschriebenes Gesetz, das auch die Europäer einhalten sollten. Im Fall einer Panne ist es üblich, den Hilfswunsch durch ein weißes Tuch zu signalisieren, das man außen am Fenster festklemmt.

Autovermietung / Autokauf

Die Leihwagenfirmen haben ihren Sitz fast immer an Flughäfen bzw. Bahnhöfen. Die wichtigsten Firmen sind: Avis, Budget, Hertz, Tilden und Via Route. Man muß mit ca. 40 Can$/Tag rechnen. Der Vorteil der Kettenunternehmen liegt darin, daß die Wagen an einem Ort übernommen und an einem anderen abgegeben werden können. Dieser Service ist jedoch nicht immer kostenlos.
Es ist grundsätzlich preisgünstiger, den Mietwagen bereits in Europa zu buchen. Dies gilt auch für die reichlich vorhandenen Mobilhomes oder andere RVs (Recreation Vehicles).
Die meisten Unternehmen vermieten Fahrzeuge nicht an Personen unter 25 Jahren. Außerdem ist zu beachten, daß in Kanada die Anmietung eines Fahrzeugs ohne Kreditkarte nicht möglich ist.
Die zusätzlich zu bezahlende Vollkaskoversicherung sollte nur der ablehnen, der gerne risikofreudig lebt!
Der Kauf eines Fahrzeugs ist eine vielfach genutzte Möglichkeit, das Land zu bereisen. Es ist wichtig, ein noch amtlich zugelassenes und versichertes

Fahrzeug zu erwerben, da man diese Formalitäten nur erledigen kann, wenn man über einen festen Wohnsitz verfügt. Es ist also notwendig, von einem privaten Eigentümer oder einem Händler ein Auto zu kaufen, der gewillt ist, Zulassung und Versicherung zu übernehmen. Man sollte sich in jedem Fall zusätzlich die Nutzungserlaubnis des Fahrzeugs schriftlich bestätigen lassen.

Bei einigen Händlern besteht die Möglichkeit, sich im Kaufvertrag die Rücknahme des Fahrzeugs garantieren zu lassen. Dann muß man allerdings am Ende des Urlaubs an seinen Ausgangspunkt zurückfahren.

Bahnverbindungen →*Reisen im Land*

Bay of Fundy

Die Provinz Nova Scotia ist nur durch eine schmale Landbrücke, auf der die Stadt Amherst NS liegt, mit dem Festland und der Nachbarprovinz New Brunswick verbunden. Ansonsten trennt ein mächtiger Ausläufer des Atlantiks, die tief ins Land greifende Meeresbucht *Bay of Fundy,* die beiden kanadischen Bundesstaaten. An ihrem südlichen „Mund" ist die Bucht etwa 100 km breit und zum Ozean hin offen. Knapp 150 km erstreckt sie sich, fortlaufend enger werdend, nach Nordosten ins Land. Dann spaltet die Halbinsel *Chignecto* die Bay in zwei Arme. Im Süden greift das *Minas Basin* noch einmal weitere 100 km nach Nova Scotia hinein, im Norden trennt die *Chignecto Bay* für weitere 75 km die beiden Bundesländer, ehe sie bei Amherst endet. Das Besondere an der Bay of Fundy ist ihr Gezeitenschauspiel, das sich auf einer Rundreise um die Bucht hundertfach neu und aus anderem Blickwinkel beobachten läßt. Die Differenz zwischen Ebbe und Flut ist nirgends auf der Welt so groß wie hier: Im Extremfall werden 16,6 m Unterschied gemessen. Ursache hierfür ist die oben beschriebene Trichterform der Bay. Die bei Flut in den Mündungstrichter strömenden Wassermassen werden durch die Einengung immer höher aufgetürmt, bis schließlich im hintersten Winkel der Bay, in den beiden erwähnten Buchten beiderseits der Halbinsel Chignecto, die höchsten Werte erreicht werden.

Ein weiteres Kennzeichen dieses Naturschauspiels ist die *Tidal Bore,* die Flutwelle, mit der die Flut beim Umschlag von Ebbe zur Flut ins Becken zurückschießt. Zunächst zieht sich das Wasser ins Bassin zurück und weite Uferbereiche, bis hinaus zum Horizont, liegen trocken. Die großflächigen Sandstrecken des Watts können nun erwandert werden, die Boote am Ufer und in den Häfen liegen seitlich auf dem Boden. Das dem Sog der Ebbe folgende Wasser trifft im Mündungstrichter der Bay auf die umkehrende Flut, die zunächst mit ihren in Bewegung gesetzten Wassern gegen die Ebbeströmung aufläuft und sie überschießt. Diese erst wenige Handbreit hohe Wasserwand wandert nun ins Innere der Bay, wobei sie immer höher aufgetürmt wird, bis eine mehrere Meter hohe Wasserwand das Becken hinaufwandert und sich in den Flußmündungen bricht.

Während der Ebbe laufen die Flußmündungen leer, Bäche und Flüsse strudeln flach in die Bayebene hinaus. Mit der plötzlichen Umkehrung

Im Fundy National Park kann man das Naturschauspiel der Gezeiten hervorragend beobachten

der Wasserbewegung bricht die Tidal Bore in die Mündungstrichter ein und bringt das Wasser der Flüsse zur Umkehr: es fließt vorübergehend aus der Bucht zurück ins Landesinnere. Ein umwerfendes Schauspiel bietet sich dem Beobachter besonders am *Saint John River* im Stadtgebiet von Saint John/New Brunswick. Hier kann man die berühmten *Reversing Falls* besichtigen, die Ergebnis der Tidal Bore sind. Der mächtige Fluß bricht bei Ebbe über eine Gebirgsschwelle und stürzt als Wasserfall ca. 5 m in die Tiefe, d. h. in das Hafenbecken von Saint John. Wenn dann die Flutwelle eintrifft, kehren sich die Fälle um, die Wasser strudeln durch „Rapids" (Stromschnellen) flußaufwärts! Die Auswirkungen von Ebbe und Flut kann man bis hinauf zur Landeshauptstadt Fredericton, über 100 Flußkilometer nördlich von Saint John, beobachten.

Die *Flowerpots* stellen eine weitere Attraktion dieses Naturereignisses dar. Es handelt sich um Felsformationen in den Uferregionen der Bay of Fundy. Bei Flut sieht man kleine, mit Gebüsch und Bäumen bestandene Inseln, auf dem Wasser schwimmen. Erst bei Ebbe wird der Unterbau sichtbar: der Fuß dieser Inseln, den die immerwährende Arbeit der Wasserströmung zu einem dünnen Ständer zurückgefeilt hat. Es drängt sich das Bild eines überdimensionalen Weinglases aus Felsgestein auf, das oben mit Grünzeug gefüllt ist. Daher stammt der Ausdruck „Blumentopf" für diese Gebilde, die man bei Ebbe in kurzen Wattwanderungen erreichen und aus der Nähe bewundern kann. An der Mündung der Chignecto Bay erstreckt sich auf der Nordseite in New Brunswick rund um das Örtchen Alma der kleine *Fundy National Park.* Er ist nur 206 qkm groß und dient der Bewahrung der typischen Ausformung der Felsufer, die von der Gezeitenströmung gebildet wurde. Am Fuße der Felsen kann man bei Ebbe herrliche Wattwanderungen unternehmen. Die schönsten Flowerpots findet man aber weiter hinten, am Ende der Chignecto Bay, nahe Cape Hopewell an der Mündung des Petitcodiac River. Informationen: Fundy National Park, Alma NB E0A 1B0, Tel. (5 06) 8 87-20 00.

Auch an der Küste von Nova Scotia sind die spektakulären Auswirkungen der Gezeitenänderungen zu beobachten. Insbesondere das Minas Basin und sein Engpaß bei Cape Split, wo die Tide ihren höchsten Punkt erreicht, ist sehenswert. Und am *Digby Gut,* dem schmalen Kanal, der das Annapolis Basin mit der Bay of Fundy verbindet, lohnt sich ein Besuch allemal.

Benzin

Tankstellen gibt es auch in der Wildnis an jedem Highway in so ausreichendem Maß, daß man nicht in Verlegenheit gerät. Wer aber keinen Reservekanister mitführt, sollte rechtzeitig, d. h. bei noch halbvollem Tank, nachfüllen lassen.

Aufgrund unterschiedlich hoher Steuersätze in den Provinzen (Québec ist mit 14 Cents/l am höchsten besteuert) und unterschiedlicher Marktgestaltung kommen in Kanada große Preisunterschiede zustande. Der Preis pro Liter Benzin liegt in Québec zwischen 52 und 59 Cents (je nach Oktanzahl).

An den Tankstellen begegnen einem fünf verschiedene Kraftstoffbezeichnungen: „regular" (verbleites Normalbenzin), „regular unleaded" (unverbleites Normalbenzin), „premium" (verbleiter Superkraftstoff), „premium unleaded" (unverbleites Super) und Diesel.

Botschaften →*Konsulate*
Busverbindungen →*Reisen im Land*

Camping

Gerade für ein Land wie Kanada empfiehlt sich Wohnmobil oder Zelt. Es ist nicht ausdrücklich verboten, wild zu campen, doch unüblich, denn es gibt eine ausreichende Zahl von Campingplätzen.

Es gibt ausgezeichnete Privat-Campingplätze sowie hervorragend gelegene staatliche Plätze in den Nationalparks. Die Ausstattung der Plätze ist normalerweise gut bis ausgezeichnet.

Die meisten Campingplätze sind von Juni bis September/Oktober geöffnet. Eine Anmeldung empfiehlt sich eigentlich nur in den Nationalparks und an der Küste. Allerdings nehmen nicht alle Plätze Reservierungen entgegen.

Auskünfte erteilen die Fremdenverkehrsämter in Deutschland sowie in Kanada *(→Informationen).* Darüber hinaus gibt es in Québec drei Organisationen, die Campingplatz-Verzeichnisse verschicken oder mit anderem Informationsmaterial behilflich sind:

Camping und Caravaning
Fédération québécoise de camping et de caravaning, 4545, avenue Pierre-de-Coubertin, C.P. 1000, succursale „M", Montréal (Québec) Canada H1V 3R2.
Kanu und Camping
Fédération québécoise du canot-camping (Adresse s.o.)
Outdoor-Center
Réseau Plein Air (Adresse s.o.)

Cape Breton Highlands National Park

Der knapp 1000 qkm große Park, der sich auf der Insel Cape Breton (Nova Scotia) von der Ost- zur Westküste hinzieht, ist ein Paradies für Naturfreunde. Die rauhe Küstenlandschaft und das unbesiedelte Hochland ähneln ihrem schottischen Namensgeber sehr. Auf dem Hochplateau (360 m ü.d.M.) bildet das Zusammenspiel von Tundra, Seen und Sümpfen eine seltene Landschaftsformation von eigenartigem Reiz. Die NS Route Nr. 19 umrundet den Park, als „Cabot Trail" ausgeschildert, auf der West-, Ost- und Nordseite. Der Cabot Trail bietet etwa 300 km Highway einfacher Art. In regelmäßigen Abständen folgen die insgesamt zehn Campgrounds der Parkverwaltung. Von jedem Campground aus führen Wanderpfade durch die Gebirgswälder die Hänge hinauf zum Hochplateau, dessen höchste Erhebung 532 m ü.d.M. erreicht. Mehr als 200 km Wanderwege und die Bach-Fluß-Seenketten machen den Park zu einem einzigartigen Erlebnis für Naturfreunde, denen zahlreiche Begegnungen mit Schwarzbär und Luchs, Rotwild und Elch sicher sind.
Unterkünfte in Hotels/Motels stehen in einem knappen Dutzend kleiner Küstenorte in ausreichender Zahl zur Verfügung.

Cape Breton Highlands / **Praktische Informationen**
Campingplätze
Arichat: „Acadian Campsite", Box 24, NS B0E 1A0, Tel. 2 26-24 47, geöffnet vom 15. Mai bis 15. Oktober.

Baddeck: „Bras d'Or Lakes Campground", am Bras d'Or Lake gelegen, Tel. 2 95-23 29 oder 34 67, geöffnet vom 1. Juni bis 30. September.
Cheticamp: „Plage Saint Pierre Campground", Box 430, NS B0E 1H0, Tel. 2 24-21 12, geöffnet von Juni bis Oktober.
Ingonish Beach: „Ingonish Campground", Cape Breton Highlands National Park, Tel. 2 85-23 29, geöffnet vom 25. Juni bis 4. September.
Louisbourg: „Louisbourg Motorhome Park", Box 8, NS B0A 1M0, kein Telefon, geöffnet vom 1. Juni bis 30. September.
Margaree Forks: „Buckles Trailer Court and Campsite", NS B0E 2A0, geöffnet von Mai bis Oktober.

Essen und Trinken

Baddeck: „Bell Buoy Seafood & Steak Restaurant", Chebucto St., NS B0E 1B0. Fischgerichte, Steaks, Vorspeisen, Salate und Desserts. Kindermenüs im Angebot. Geöffnet von Juni bis Oktober.
Cheticamp: „Parkview Motel Dining Room and Lounge", Box 117, NS B0E 1H0, Tel. 2 24-32 32 und 25 96. Am Eingang des National Parks, ca. 4,8 km westlich von Cheticamp, gelegen. Empfehlenswert sind Meeresfrüchte, Steaks, Pasteten und selbstgebackenes Brot. Geöffnet von Mai bis Oktober.
Glace Bay: „Mike's Lunch", 4A Sterling Rd., NS B1A 3X3, Tel. 8 49-10 10. Restaurant und Imbiß. Fischgerichte, Steaks, selbstgemachte Suppen, italienische Gerichte, Salate und Sandwiches. Außerdem kann man hier frühstücken. Ganzjährig geöffnet.
Louisbourg: „Fleur-de-Lis Dining Room", 1225 Main St., NS B0A 1M0, Tel. 7 33-28 44. Sehr nettes Restaurant, das sich auf die Zubereitung von Meeresfrüchten aller Art spezialisiert hat. Geöffnet von Juni bis Oktober.
Margaree Harbour: „Marion Elizabeth Schooner Restaurant", Margaree Harbour, gegenüber einem alten Schoner gelegen, Tel. 2 35-23 17. Besonders empfehlenswert sind die Fischgerichte, Sandwiches und die stets frischgebackenen Kuchen. Ein Pianist sorgt für die richtige Stimmung. Geöffnet von Juni bis Oktober.
Margaree Valley: „The Normaway Inn", liegt zwischen N.E. Margaree und Lake O'Law, Tel. 2 48-29 87. Unbedingt die Lachs- und Muschelgerichte probieren! Außerdem sind Lamm-, vegetarische und Krautgerichte im Angebot. Sehr gute Weinauswahl. Geöffnet von Juni bis Oktober.

North Sydney: „Clansman Motel Dining Room", Peppett St., Box 216, NS B2A 3M3, Tel. 7 94-72 26. Gute Hausmannskost, angemessene Preise. Kindermenüs. Ganzjährig geöffnet.

Hotels

Arichat: „L'Auberge Acadienne"***, High Rd., Box 59, NS B0E 1A0, Tel. 2 26-22 00, ganzjährig geöffnet, im Stil des 19. Jhs. renoviert, 17 Zimmer mit Bad, EZ 49 Can$, DZ 55-65 Can$, Kinder unter 10 Jahren frei, Restaurant.

Baddeck: „Inverary Inn Resort" ****, an der Ausfahrt 8 zur Route 205 und Shore Rd. gelegen, Tel. 2 95-26 74, ganzjährig geöffnet, 116 Moteleinheiten, 9 Cottages, alle mit Bad, EZ 45-80 Can$, DZ 55-100 Can$, Restaurant.

„Cozy Motel and Lodge" **, Shore Rd., Box 505, NS B0E 1B0, Tel. 2 95-21 95, von Juni bis Oktober geöffnet, EZ 65 Can$, DZ 70 Can$, Kinder unter 5 Jahren frei, Frühstück, Restaurant.

Die Insel Cape Breton / Nova Scotia erinnert sehr an Schottland, den Namensgeber für die Provinz

„The Point Bed & Breakfast", 4 Twinning St., NS B0E 1B0, Tel. 2 95-33 68 geöffnet von Juni bis Oktober, 3 Zimmer, Rauchen verboten, EZ/DZ 30-55 Can$.
Cheticamp: „Laurie's Motel", Main St., Box 1 NS B0E 1H0, Tel. 2 24-24 00, ganzjährig geöffnet, 55 Moteleinheiten mit Bad/Dusche, Radio, Fernsehen, Telefon, einige mit Balkon, EZ 48-65 Can$, DZ 55-75 Can$, Kinder unter 12 Jahren frei.
Ingonish: „The Island Inn", Box 116, NS B0C 1L0, Tel. 2 85-24 04, geöffnet von Januar bis März und Mai bis November, 11 Zimmer, 8 mit eigenem Bad, alle mit Radio und Telefon, TV im Aufenthaltsraum, EZ 25-40 Can$, DZ 30-45 Can$, Kinder unter 2 Jahren frei, unter 12 Jahren 3 Can$.
Louisbourg: „Greta Cross Bed and Breakfast", 81 Pepperell St., Box 153, NS B0A 1M0, Tel. 7 33-28 33, von März bis November geöffnet, 3 Zimmer, 2 teilen sich ein Bad, Frühstück, EZ 25 Can$, DZ 30 Can$, Kinder unter 5 Jahren frei.
Margaree Harbour: „Whale Cove Summer Village"***, 4 km südlich von Margaree Harbour an der Route 219, Tel. 2 35-22 02, geöffnet von Mai bis Oktober, 30 Sommerhäuschen mit Bad/WC, Fernsehen und Telefon, mit 1 Schlafzimmer 50-65 Can$, mit 2 Schlafzimmern 60-75 Can$.
Sydney: „Auberge Wandlyn Inn"***, 100 Kings Rd., NS B1S 1A1, Tel. 5 39-37 00, ganzjährig geöffnet, frisch renoviert, 50 Zimmer und Mini-Suiten mit Bad, 50-90 Can$, Kinder frei, Restaurant.
„Keltic Motel"**, 294 Keltic Drive, Sydney River, NS B1R 1V7, Tel. 5 62-31 11, ganzjährig geöffnet, 10 Einheiten, 2 mit Küche, alle mit Bad, EZ 37-40 Can$, DZ 40-43 Can$.
Information: Superintendent Cape Breton Highlands National Park, Ingonish Beach NS B0C 1L0, Tel. (9 02) 2 85-22 70.

Charlottetown

Charlottetown (ca. 16 000 Einwohner) ist die einzige Stadt und die größte Siedlung der Prince Edward Island, zudem Regierungssitz und Universitätsstadt. Der von natürlichen Gegebenheiten begünstigte Ort verlangte geradezu nach der Anlage eines Hafens. Zusammen mit der Meereseinfahrt in die Lagune bilden drei Flüsse *(North* oder *York River, East* oder *Hillsborough River* und *West River*) ein Wasserkreuz, an dessen nördlichem Schnittpunkt Stadt und Hafen liegen. Flüsse sind die genannten Gewässer eigentlich nur in ihrem Oberlauf. Jeweils auf halbem Weg nach Charlottetown weiten sie sich zu breiten und langgezogenen Buchten aus. Die Hauptstadt gewinnt ihren Reiz durch die ungewohnte Mischung aus Kleinstadthäusern und eindrucksvollen Monumentalbauten im englischen Stil der Zeit vor 100 Jahren, die man in der engen Nachbarschaft zu den alten Holz-, Fachwerk- und Ziegelbauten nicht erwartet. Die alten Kirchen, Regierungs- und Verwaltungssitze scheinen für eine Kleinstadt etwas zu groß ausgefallen zu sein. Die Verwaltung verbietet Hochbauten inzwischen, so daß der ursprüngliche Charakter der Siedlung fast unverändert geblieben ist.

Charlottetown / **Sehenswürdigkeiten**

Der *Fort Amherst National Historic Park* liegt genau südlich der Stadt, am linken Ufer der Einfahrt in die Bucht. Hier begann vor 270 Jahren die Besiedlung von Prinz Edward Island. Das historische Freilichtmuseum bewahrt die Erinnerung an die frankokanadische Siedlung Port La Joye sowie an die spätere Festungsanlage der Engländer. Das an dieser strategisch perfekten Stelle errichtete *Fort Amherst* beherrschte die schmalere Zufahrt zur weiten Lagune von Charlottetown Harbour.

Das *Province House* auf der Confederation Plaza besticht durch seine klare Linienführung und sein schlichtes Äußeres. Hier tagten die „Väter der Konföderation", die hier vor mehr als 100 Jahren Kanada aus der Taufe hoben. Die Inneneinrichtung ist im alten Stil erhalten worden und bewahrt die Erinnerung an die historische Runde der 23 Delegierten, die hier 1864 tagte.

Der wuchtige Klotz des vor 27 Jahren hochgezogenen *Confederation Centers of the Arts* kontrastiert mit der Kleinstadtidylle Charlottetowns, und an ihm scheiden sich auch die Geister. Die massive Betonarchitektur, erstellt zur Hundertjahresfeier jener Konferenz, ist nicht jedermanns Sache. In dem Gebäude befindet sich ein Kulturzentrum.

Die Südspitze der Halbinsel mit dem *Victoria Park* ist ein anderer sehenswerter Winkel. Hier ragen noch immer die offenen Mäuler der alten Kanonen von Old Batterie Point drohend über den Sund und bewachen wie schon vor 200 Jahren die Wasserstraße zur Stadt und zum Hafen. Von hier aus hat man einen besonders schönen Blick über die Lagune und die jenseitigen Landstreifen.

Die *Residenz des Lieutenant Governer's* liegt am Rande des Parks unter alten Bäumen. Das sehenswerte Gebäude ist im klassischen Säulenstil der Kolonialzeit gehalten, wie man es vielfach in Amerika findet.

Man kann den Rundgang durch die Stadt und den Hafen ganz gut allein unternehmen, im „Visitor Centre" hilft man mit Informationen weiter. Es ist aber ebenso empfehlenswert, sich einer der täglichen kostenfreien Führungen durch das Zentrum anzuschließen, die ab dem erwähnten Province House beginnen.

Charlottetown / **Praktische Informationen**

Information: Visitor Information Centre, University Ave., Royality Mall, Tel. (9 02) 8 92-24 57. Hier erhält man den „Visitor's Guide", der Unterkünfte, Restaurants, Läden und Sehenswürdigkeiten auflistet.

Unterkunft

Charlottetown bietet ein Dutzend *Hotels/Motels* mit größerer Bettenzahl an, das Zimmer ab 55 bis 165 Can$.

Neben den vergleichsweise wenigen Hotels existiert eine Vielzahl von *Tourist Homes* und *Guesthouses,* unseren Pensionen ähnlich. Diese Übernachtungsart ist relativ preiswert. Eine Auflistung lohnt sich an dieser Stelle nicht, da es sich bei allen durchweg um Kleinangebote (ein oder zwei Zimmer) privater Vermieter handelt. Zimmer sind ab 18 Can$ pro Übernachtung zu bekommen.

Die zahlreichen *Campgrounds* bieten auch in der Saison jedem einen freien Platz. Man ist hier um einen hohen Standard bemüht, und im Schnitt liegen die Preise bei 12 Can$ pro Übernachtung.

Die einzige *Jugendherberge* der Insel liegt ca. 5 km nördlich vom Zentrum am Stadtrand: 153 Mt. Edward Rd., Tel. (9 02) 8 94-96 96. Mitglieder zahlen 8 Can$, Nichtmitglieder 10 Can$. Die Jugendherberge ist vom 15. Mai bis 1. September geöffnet.

Durchaus zwei vielgenutzte Reisemöglichkeiten in Kanada: Buschtaxi und Boot ▶

Veranstaltungen: *Old Home Week,* Mitte August; *Lobster Supper* im Juli und August. Außerdem gibt es den ganzen Sommer über zahlreiche Festivals, Volksfeste, Jamborees und Umzüge.

In den beiden Theatern des Confederation Centres finden von Mitte Juni bis Ende September Theatervorstellungen, Kunstausstellungen und Musikveranstaltungen statt. Man sollte sich rechtzeitig um Plätze bemühen.

Dokumente

Die Einreise nach Kanada ist problemlos. Bürger der Bundesrepublik Deutschland, Österreichs und der Schweiz können mit einem gültigen Reisepaß ohne Visum nach Kanada einreisen. Die Aufenthaltsdauer ist auf sechs Monate begrenzt, kann aber um weitere sechs Monate verlängert werden. Man muß über ausreichende Geldmittel für den Aufenthalt im Lande verfügen, das Vorweisen einer Kreditkarte erleichtert die Formalitäten, und die Rückkehr in das Heimatland muß gesichert sein (Rückflugschein o. ä.). Wer länger als drei Monate bleiben will, muß sich dafür eine Genehmigung ausstellen lassen.

Personen unter 18 Jahren sollten ein Schriftstück vorweisen können, daß sie die Reise unternehmen dürfen.

Impfungen sind zur Zeit nicht erforderlich.

Jeder Europäer kann sein Fahrzeug problemlos bis zu zwölf Monaten zollfrei mit nach Kanada nehmen. Zum Seuchenschutz ist es allerdings erforderlich, daß das Fahrzeug spezialgereinigt wird. Das erledigen die Reedereien.

Der nationale Führerschein eines Europäers reicht aus, trotzdem sollte man sich bei der Verkehrsbehörde gegen einen geringen Betrag einen internationalen ausstellen lassen. Nimmt man seinen fahrbaren Untersatz mit, so genügt der heimatliche Fahrzeugschein. Anders sieht es mit der KFZ-Versicherung aus. Die europäischen Versicherungsgesellschaften sind in der Regel nur für Unfälle in Europa zuständig. Daher muß man sich bei seiner Versicherung erkundigen und den Versicherungsschutz entsprechend erweitern. Eine andere Möglichkeit ist, eine nordamerikanische Haftpflichtversicherung auf Zeit abzuschließen, was jedoch nur im Heimatland möglich ist.

Einkaufen

Die kanadischen Großstädte haben riesige, z. T. unterirdische Einkaufszentren, so z. B. Montréals „Underground City 2", ein 22 km langes Netzwerk mit über 1400 Boutiquen, 2 Kaufhäusern, 150 Restaurants und 30 Kinos.

Das Preisniveau ist im Durchschnitt etwas höher als in Europa.

Alkohol

Alkoholhaltige Getränke sind in Kanada teuer. Sie sind nur im staatlichen „Liquor Store" zu bekommen, die man selten außerhalb der Städte findet. Lediglich in Québec kann man Alkohol im Supermarkt kaufen. In Restaurants gibt es Alkohol nur, wenn sie als „Full licenced" ausgezeichnet sind, zum Mitnehmen nur, wenn sie mit „Off sales" gekennzeichnet sind (→*Restaurants*).

Verbrauchersteuer und Preisgestaltung sind von Staat zu Staat unterschiedlich. Als Faustregel kann man festhalten, daß die Büchse Bier (0,33 l) im Restaurant etwa 3 Can$, im Liqour Store etwa 1 Can$ und im Off Sales bei ca. 2 Can$ liegt. Eine Flasche des billigsten Wodkas („strong") gibt es ab 20 Can$ im Liquor Store.

Kunsthandwerk

Die Provinzen sind bekannt für ausgezeichnetes Kunsthandwerk, v. a. für Keramik, Handgewebtes, Schnitzereien, Glasbläsereien und Puppen. Die Kunstgegenstände der Indianer und der Inuit sind besonders zu empfehlen, allerdings sollte man hier vorsichtig sein, denn viele Gegenstände werden in Massenproduktionen in Taiwan hergestellt.

Lebensmittel

Es gibt eine nordamerikanische Ladenkette, die sich auf europäische Lebensmittel spezialisiert hat. „The DELI" nennt sich diese Kette von Franchise-Unternehmen, die man in jeder Stadt findet. Allerdings sind die Preise beachtlich! Die Imbisse, die in der Regel zu den Märkten gehören, haben sich auf europäische Speisen spezialisiert.

Im allgemeinen liegen die Lebensmittelpreise auf europäischem Niveau, z. T. sogar darunter. Dies gilt allerdings nur im Süden und in Küstennähe. Je weiter man ins Inland und nach Norden kommt, desto höher liegen die Preise.

Zigaretten: Zigaretten sind in Kanada teuer: kanadische Marken kosten 4 Can$ (25er-Päckchen), amerikanische 4 Can$ (20 Stück) und französische 3,60 Can$ (20 Stück).
→*Öffnungszeiten*

Einreise →*Dokumente*

Essen und Trinken

Die „normale" kanadische Küche entspricht der amerikanischen. In den Durchschnittsrestaurants werden nach wie vor simple Gemüsesuppen, grüne Salate, Beef und Kartoffeln, Obstkuchen und Eis serviert. Doch läßt sich auf diesem Gebiet ein großer Fortschritt verzeichnen.
Kanada bietet eine internationale Küche, die den zahlreichen Gruppen von Einwanderern zu verdanken ist.
Generell sind in Kanada alle Lachsgerichte empfehlenswert.
Jede Region ist stolz auf ihre Spezialitäten, die in der Tat einen wahren Gaumenschmaus darstellen. Entlang der Küste sind natürlich v. a. Meeresfrüchte im Angebot, v. a. Hummergerichte.
In den einzelnen Provinzen ist man besonders stolz auf folgende Gerichte:
New Brunswick: gegrillter Lachs, Alse mit Mandeln, „fiddleheads" (ein eßbares Farngemüse), „dulse" (eßbarer Seetang), Blaubeer- und Rhabarberkuchen.
Newfoundland: (auf vielfältige Art zubereiteter) Kabeljau, „seal-flipper-pie" (Seehundflossenpastete), auf deren Genuß Tierfreunde sicherlich verzichten, und die an Vitamin C sehr reiche Moltebeere, „bakeapple berry".
Nova Scotia: Digby-Kammuscheln, Muschelsuppe, „solomon gundy", ein Ragout aus Hering und Hackfleisch, eingelegt in Öl, Essig, Zwiebeln und Paprika, Blaubeer- und Rhabarberkuchen, frische Erdbeeren und Apfelgerichte.
Prince Edward Island: eine Vielfalt an ausgezeichneten Kartoffel- und Gemüsegerichten, Malpeque-Austern und viele Käsesorten.
Québec: ausgezeichnete französische Küche, alle Rezepte, die Ahornsirup verwenden, „tourtière", eine mit Rebhuhn, Reh oder Hase und fein-

geschnittenen Kartoffeln gefüllte Pastete, „cipaille", eine mit Wild und Kartoffeln gefüllte Pastete und Käse („Ermitle" und „Ricotta").

Die Kanadier trinken in erster Linie Bier, doch in den letzten Jahren gewinnt der ausgezeichnete kanadische Wein, der auf der Niagara-Halbinsel und im Okanagan-Tal angebaut wird, immer mehr Liebhaber Kenner empfehlen den Roggen-Whisky, der in erstklassiger Qualität hergestellt wird. In Québec sollte man „caribou", ein Mixgetränk aus Rotwein und Hochprozentigem, probieren.

In Lokalen, die keine Alkohol-Ausschanklizenz haben *(→Restaurants),* wird neben kalten Getränken vor allem Tee angeboten.

Feiertage und Feste

Die Feiertage in Kanada sowie die zusätzlichen Feiertage einer jeden Provinz bzw. eines Territoriums in Kanada fallen liebenswürdigerweise (fast)

Das berühmteste Freilichtmuseum Kanadas: Fortress Louisbourg auf Cape Breton Island

immer auf den Montag. Selbst die Namenstage von Heiligen folgen dieser Regel, werden also von Jahr zu Jahr auf einen anderen Tag gelegt. Das erschwert es, die Daten genau anzugeben. Das ist aber für den Reisenden wichtig, denn an diesem Tag ist weder eine Bank noch eine Behörde geöffnet.

Auch alle größeren Geschäfte, die Museen und manches Restaurant folgen diesem Beispiel. Nicht aber die kleineren und die auch sonst durchgehend geöffneten Lebensmittelgeschäfte. Der Tourist muß außerdem damit rechnen, daß an solchen Wochenenden viele inländische Ausflügler unterwegs und die Straßenrestaurants und Freizeitparks überfüllt sind.

Feiertage

New Year's Day: Neujahrstag; 1. Januar

Good Friday: Karfreitag; beweglich

St. Patrick's Day: der dem 17. März nächstgelegene Montag

Easter Monday: Ostermontag; beweglich

St. George's Day: der dem 23. April nächstgelegene Montag

Victoria Day: Geburtstag der Queen Victoria, 24. Mai 1819; Montag nach dem vorletzten Maisonntag

Discovery Day: der dem 24. Juni nächstgelegene Montag

Canada Day: Nationalfeiertag; 1. Juli

Memorial Day: der dem 1. Juli nächstgelegene Montag

Orangeman's Day: der dem 12. Juli nächstgelegene Montag

Labour Day: Tag der Arbeit; 1. Septembermontag

Thanksgiving Day: Erntedanktag; 2. Oktobermontag

Remembrance Day: Gefallenengedenktag; 11. November

Christmas Day: 1. Weihnachtstag, 25. Dezember

Boxing Day: 2. Weihnachtstag, 26. Dezember (nicht in der Provinz Québec!)

Jede Provinz hat noch zusätzliche Feiertage.

Feste und Veranstaltungen →*jeweilige Ortschaft*

Flugverbindungen →*Anreise*

Fortress of Louisbourg

In Kanada gibt es 82 historische Stätten, die als Freilichtmuseen geführt werden, und das berühmteste unter ihnen ist wohl das Fort von Louisbourg. Von Sidney auf Cape Breton Island aus und über die NS Route 22 gelangt man nach 35 km ins Mittelalter zurück. Diese Straße ist der einzige Landweg zu der alten französischen Festung. Im Frieden von Utrecht hatte Frankreich 1713 auf Akadien und somit auch auf Nova Scotia verzichten müssen. Nur die Insel Cape Breton Island blieb den Franzosen erhalten. Damit rückte dieser Landesteil von Nova Scotia in den Mittelpunkt der französischen Kolonialpolitik.

Um sich diesen Besitz für alle Zukunft zu sichern, beschloß man am Hofe zu Versailles den Bau einer uneinnehmbaren Festung im Stile der berühmten Vauban-Anlagen. Schon 1719 begannen die Arbeiten an dem Bollwerk rund um den kleinen Naturhafen von Louisbourg Harbour an der Atlantikküste von Cape Breton Island. Der überdimensionale Kraftakt mißlang. Nachdem Millionensummen in 25 Jahren verbaut oder in diverse offene Taschen geflossen waren, fiel die nur unvollkommen ausgerüstete Anlage samt ihrer unterbesetzten Garnison 1745 erstmals in die Hände der Angloamerikaner. Nach nur 45tägiger Belagerung hatten die Besatzer kapituliert. Im Frieden von Aachen wurde die Festung 1748 noch einmal an Frankreich zurückgegeben, fiel aber 1758 endgültig an England.

Da die Rückgabe im Jahr 1748 einen wütenden Proteststurm in Neuengland ausgelöst hatte, wurde die Festung diesmal geschleift, d. h. dem Erdboden gleichgemacht.

1961 beschloß die kanadische Bundesregierung in Ottawa, die Festung wiederaufzubauen und als Museum zu nutzen. Das Ziel war die völlige Rekonstruktion der gewaltigen Anlage nach den Plänen von damals: Sieben Festungswerke und insgesamt 500 Gebäude sollten wieder erstehen. Ein Viertel der Aufgabe ist gelöst, große Teile der Anlage sind mit einem Aufwand von bisher 30 Millionen Can$ erstellt worden. Der Wiederaufbau stellt ein nicht unbeachtliches Arbeitsbeschaffungsprogramm in einer Region mit traditionell hoher Arbeitslosigkeit dar. Auf dem 6700 ha großen Gelände entsteht jedes Bauwerk getreu nach den alten Plänen: vom Gouverneurspalast bis hin zum Fischerhäuschen.

Für den Besucher noch interessanter ist, daß in der Stadt der lebendige Alltag des Mittelalters von den 1400 Einwohnern, die Louisbourg heute wieder hat, vorgeführt wird. Im Sommer kommen noch einige hundert Studenten hinzu. Dann ist das neue alte Gemäuer wieder von Leben erfüllt: Die Batterien sind mit Soldaten in den historischen Uniformen besetzt, die ihre Stadt gegen jeden auf dem Atlantik herannahenden Feind verteidigen. In den Straßen eilen die Bürger in mittelalterlicher Kleidung vorbei. In den Werkstätten der Schmiede klingt der Amboß, der Küfer stellt Fässer her und beim Zimmermann fliegen die Späne. Sie alle arbeiten am Wiederaufbau mit. Selbst die Kinder in der Schule oder beim Spiel in den Gassen sind gekleidet wie „anno dazumal", und der Besucher ist herzlich eingeladen, bei der am Mittagstisch sitzenden Familie in den Suppentopf zu gucken, der natürlich ein nach überliefertem Rezept gekochtes Akadiergericht enthält. In weniger als einer Viertelstunde ist die Illusion perfekt, man glaubt sich mit der Zeitmaschine um 250 Jahre zurückversetzt.

Information: Fortress of Louisbourg, National Historic Park, Box 160, Louisbourg, NS B0A 1M0, Tel. (9 02) 7 33-22 80.

Fredericton

Die kleine Provinzmetropole (ca. 40 000 Einwohner) von New Brunswick, Fredericton, erstreckt sich zu beiden Seiten des Saint John Rivers. Auf dem Südufer liegt das Zentrum, das durch zwei Straßenbrücken über den Fluß mit den Vororten verbunden ist.

Fredericton / **Geschichte**

Fredericton ist erst seit 1732 besiedelt. Damals zogen einige Akadier hierher. Sie nannten das Dorf „Pointe-Ste.-Anne". Die Familien, die sich hier angesiedelt hatten, wurden auch Opfer der Akadierverfolgung von 1755 (→Akadien), ihre Häuser wurden niedergebrannt. Die Versuche einer Neuaniedlung wurden zunächst von den feindlich eingestellten Micmac-

---

Wirkt etwas überdimensional für die provinzielle Hauptstadt von New Brunswick — die Christ Church in Fredericton ▶

Indianern verhindert. Erst 1768 konnte die Neubesiedlung beginnen. Vertriebene Loyalisten ließen sich hier nieder, und die britische Regierung gab ihrem Begehren nach einer eigenen Kolonie nach. Die Siedlung erhielt nun ihren heutigen Namen, nach einem Sohn von König Georg III., Frederick.

Obwohl nun Verwaltungssitz und bald auch Garnisonsstadt, blieb Fredericton Kleinstadt. Verwaltungsgebäude und Pensionärssitze bestimmen heute ihr Bild.

Fredericton / **Sehenswürdigkeiten**

Die gemütliche kleine Residenzstadt an den Flußauen besitzt mittlerweile eine ganze Reihe imposanter Gebäude, die nach der Gründung des Verwaltungssitzes umgehend errichtet wurden und teilweise ein wenig überdimensional wirken, so z. B. das *Parlamentsgebäude* am Fluß, das *Rathaus,* das *Justizgebäude,* die Kathedrale des Bischofs, *Christ Church,* und die *Gouverneurs Residence.* Alle diese Gebäude sind im Stil des georgianischen und viktorianischen Regimes erbaut und heute sehenswerte Zeugnisse jener Zeit. Dazu gehören auch die noch erhaltenen Anlagen der Garnison, die *Soldiers' Barracks"* und *das Guard House* am alten Paradeplatz im Park, die heute ein Museum und ein Kulturzentrum beherbergen.

Wesentlich zum heutigen Erscheinungsbild der von alten Ulmenalleen gesäumten Innenstadt trug Lord Beaverbock bei, ein Sohn der Provinz. Er war im letzten Weltkrieg Minister im Kriegskabinett Winston Churchills und als Zeitungszar (Herausgeber des ,,Daily Express" und anderer Zeitungen) natürlich für Propaganda zuständig. Er stiftete das schöne *Theater* und eine *Kunstgalerie* mit einer exzellenten Auswahl alter Meisterwerke, vorwiegend von englischen und amerikanischen Künstlern.

Seit 1859 ist die Stadt Sitz der *Universität von New Brunswick.* Wer will, kann sein Bild der Stadt noch durch eine Flußansicht ergänzen. Ein nachgebauter Heckraddampfer, ,,Pioneer Princess III", legt täglich zu Flußfahrten von der Regent Street Wharf ab.

Fredericton / **Praktische Informationen**

Bahnhof: VIA Rail Station Fredericton Junction, liegt 40 km südlich von der Stadt.

Busse: „Fredericton Transit" verbindet die Vororte mit dem Zentrum. Die öffentlichen Nahverkehrslinien treffen sich im Zentrum am Kings Place. Das Kleinunternehmen „Trius Service" betreibt einen Kleinbusservice, jeweils im Anschluß an den Halt von Personenzügen, vom Bahnhof Fredericton Junction zum „Beaverbock Hotel" im Zentrum bzw. umgekehrt.
Busterminal: Überlandlinie SMT, 101 Regent Street, E3B 3W5, Tel. (5 06) 4 58-83 50.
Flughafen: Fredericton Airport, Box 1 Site 15, RR Nr. 1, E3B 4X2. Der Flughafen liegt an der Lincoln Road, 20 km südöstlich des Zentrums, nahe Oromocto, und ist nur mit dem Taxi zu erreichen. Die Bahn befördert nur Güter.
Information: Tourist Information Centre, City Hall, Queen Street, P.O. Box 130, Fredericton, NB E3B 4Y7, Tel. (5 06) 4 52-95 00.

Unterkunft

Bed & Breakfast: Es besteht ein großes Angeobt an B & B-Homes mit Übernachtungspreisen ab 25 Can$. Hier ist allerdings häufig Vorsicht bei der Abrechnung geraten (→*Unterkünfte*).

Jugendherberge: 193 York Street, NB E3B 3N8, Tel. (5 06) 4 54-12 33, 6 Can$ für Mitglieder, 9 Can$ für Nichtmitglieder, geöffnet vom 1. Juni bis 1. September.

Motels: „Norfolk Motel", NB E3B 5W5, Tel. (5 06) 4 72-32 78, 20 Zimmer, ab 25 Can$, an der NS-Route 2, am Stadtrand.

„Airport Motel", Box 4 Site 10, RR Nr. 1, NB E3B 4X2, Tel. (5 06) 4 58-97 06, 21 Zimmer, ab 29 Can$, beim Flughafen.

„Skyline Motel", 502 Forest Hill Road, NB E3B 4K4, Tel. (5 06) 4 55-66 83, 27 Zimmer, ab 30 Can$.

„Country Motel", RR Nr. 6, NB E3B 5X7, Tel. (5 06) 4 59-34 64, 6 Zimmer, ab 30 Can$.

Außerdem gibt es noch etwa ein Dutzend teurere Häuser.

Führerschein →*Dokumente*

Gold

Gold findet man in Kanada in nahezu jedem Fließgewässer — nur eben in unterschiedlich starker Beimengung. Im allgemeinen lohnt sich das Goldwaschen nicht, hat sich auch (fast) nie gelohnt, obgleich man immer wieder auf Unentwegte stößt, die ihrem Traum nachjagen. Am Jahresende haben die meisten Goldwäscher mit viel Schinderei weniger Ertrag erwirtschaftet, als sie im Lauf des Jahres für Nahrung und Material ausgegeben haben. Der große Wurf gelingt also nur ganz selten. Lohnend ist nur die industrielle Ausbeutung und die erfordert großen Aufwand. Alles Gold in Fließgewässern stammt ursprünglich aus einem durch Erosion kleingeschroteten Felsmassiv. Das Metall ist als Ader oder starke Einsprengung im Gestein enthalten. Gesucht wird daher vorwiegend nach den Ursprungsorten. Sofern die nicht schon restlos abgetragen und im dazugehörigen Fließgewässer weggespült wurden, wird dann das Gold im Berg- und Stollenbau aus dem Gestein gebrochen und gesprengt. Hardrock Mining nennt man das, im Unterschied zum Digging nach Placer Gold, dem Schürfen und Waschen in Bachbetten.

Wer sich als Amateur ein wenig mit Schaufel und Pfanne betätigen möchte, darf das in Kanada tun. Doch Vorsicht! Auch vermeintlich aufgegebene Claims sind tabu!

Jedes abgesteckte Land ist zunächst als Privateigentum zu melden. Jedes Schürfen — auch nur versuchshalber und zum Spaß — ist zu unterlassen, steht unter Strafe. Der Eigentümer des Schürfrechtes versteht meist wenig „Spaß" und ist befugt, rigoros sein „Hausrecht" wahrzunehmen. Zunächst halte man sich an die kommerziellen „Übungswäschereien", wo man gegen eine geringe Gebühr eingewiesen wird und das Waschergebnis behalten darf. Fündig wird man immer, denn es handelt sich durchweg um „Paydirt", goldhaltigen Sand aus bekannten Fundstellen.

Darüber hinaus gibt es reichlich Literatur, die den Amateur informiert. Die Bibel der Goldsucher ist der „Bostock Report", den der Geologe H.S. Bostock verfaßt hat. „Selected Field Reports of the Geological Survey of Canada" enthält das Verzeichnis der bisherigen Fundorte und ist in den Büchereien einsehbar. Weitere Auskünfte erlangt man bei der Chamber of Mines, Box 4427, Whitehorse YT Y1A 3T5. Diese betreibt auch eine Prospektoren-Akademie. Wer genug Zeit hat, kann an einem Lehrgang über Theorie und Praxis des Goldprospectings und des Goldgewinnens teilnehmen.

Die als Souvenir überall angebotenen Goldwäscherpfannen sind durchaus echt und beim Einstieg in den selbstzuschürfenden Reichtum unverzichtbar. Sie müssen allerdings vorher einsatzfähig gemacht werden, denn sie sind mit einem feinen Fettfilm überzogen, der vorzeitiges Rosten verhindert. Mit Seife ist dieser nicht abzuwaschen. Das Metall muß leicht rauh sein, um den Goldstaub zurückzuhalten. Das beste ist immer noch die alte und schlichte Golddiggermethode: Am Abend vor dem ersten Einsatz füllt man die Pfanne vollständig mit Glut und heißer Asche aus dem Lagerfeuer und setzt sie in die Feuerstelle, die nur noch Glut und Asche enthalten darf. Am nächsten Morgen ist sie einsatzbereit, wenngleich nicht mehr schön genug, um sie anschließend zu Hause noch als Suppenteller oder Wandzierde einsetzen zu können. Rauh, verfärbt, fleckig

Die mauerartige Felseninsel vor Percé (Gaspésie) ragt 100 m aus dem Wasser empor

und bald auch rostig, eignet sie sich aber fortan hervorragend dazu, glitzernden Goldstaub von Schwarzsand zu trennen.

Gaspésie

Unter den Naturschönheiten der Provinz Québec steht nicht zu Unrecht die Halbinsel Gaspé an vorderster Stelle. Südlich des St. Lawrence-Stromes erstreckt sich ein gewaltiger Höhenzug der Appalachen weit nach Osten in den Gulf of St. Lawrence hinaus. Draußen an seinem äußersten Zipfel liegt die Kleinstadt Gaspé. Der Name der Stadt und der Halbinsel kommt aus der Micmac-Sprache: Gaspeg soll Landesende bedeuten. Südlich der Halbinsel greift die Baie des Chaleurs weit nach Westen ins Binnenland. Dazwischen liegt weitgehend unzugängliche Bergwaldwildnis. Überwiegend in Form mehrerer Provinzialparks, die unter Naturschutz stehen.

Die Halbinsel kann man auf der rund 1600 km langen Uferstraße umrunden. Diese Strecke kann man mit der Greyhound-Buslinie „Voyageur" fahren. Anfangs noch dichter besiedelt, mit einer Reihe wunderschöner alter Seigneurien — Herrscherhäusern des ehemals französischen Landadels in den abseits am Strom liegenden Dörfern — wird die Landschaft rasch gebirgig, karger und einsamer. Dort draußen verläuft das Leben noch gemächlich, ursprünglicher und sichtbar altfranzösisch. Kleine Fischerdörfer ducken sich in die Gebirgsbuchten und Fjorde. Von einigen kann man mit Fähren sein Auto hinüberbringen, zur jenseits am Nordufer des St. Lawrance-Stromes verlaufenden PQ Route Nr. 138. Der äußerste Zipfel der Gaspésie ist als Forillon National Park unter Naturschutz gestellt. Die Landschaftsformation der Steilklippen, Fjorde und Sandstrände mit ihrer vielfältigen Vogelwelt sowie die seltenen Pflanzenarten zwischen Koniferenhainen sollen erhalten bleiben. Der Park ist voll erschlossen und ermöglicht jede Form von Naturerlebnissen und Unternehmungen. Fünf Campingplätze bieten Aufenthaltsmöglichkeiten in dem kleinen, nur 200 qkm messenden Park. Unterkünfte stehen in den Fischerdörfern am Landesende sowie im Städtchen Gaspé in allen Preislagen reichlich zur Verfügung.

Information: Superintendent Parc national Forillon, 146 Boulevard Gaspé, C.P. 1220, Gaspé PQ G0C 1R0, Tel. (4 18) 3 68-55 05.
Südlich an der Baie des Chaleurs gibt es eine ganze Reihe von Badeorten, unter denen Percé wegen seiner Felsformation am bekanntesten ist. 500 m lang und 100 m hoch ragt eine mauerartige Felseninsel aus dem Wasser, die bei Ebbe trocken im Watt steht. Das Besondere daran ist ein mächtiges Brandungstor von 17 m Höhe, das die Gezeiten durch die Felswand brachen.
Der landschaftliche Reiz, die wilde Gebirgsszenerie und die weiten Wasserflächen bis zum Horizont machen die Reise um die Gaspésie zu einem bleibenden Erlebnis.

Geschichte

Millionen Jahre war der nordamerikanische Kontinent menschenleer. Weder Menschenaffen noch ihre Vettern vom Schlage „homo sapiens" haben sich hier entwickelt.
Die ersten Menschen kamen vor ca. 40 000 Jahren als Einwanderer. Man nimmt an, daß zu gewissen Zeiten eine Landbrücke zwischen Sibirien und Alaska bestand, dort wo heute die Diomedes Inseln aus der Beringstraße ragen. In immer neuen Gruppen und Schüben wanderten die Vorfahren der heutigen indianischen Bevölkerung als erste ein. Ihre früher eingewanderten Verwandten weiterdrängend oder an ihnen vorbeiziehend besiedelten sie so den gesamten Kontinent von Westen nach Osten und hinunter bis Feuerland. Erst sehr spät, vor ca. 5000 Jahren, folgten dann noch die Inuit, die über die Beringstraße übersetzten. Beide Eingeborenengruppen bezeichnet man in Nordamerika häufig mit dem Sammelbegriff „Natives", was zu der deutschen Übersetzung „Eingeborene" geführt hat. Sie selbst lehnen diese Bezeichnung ab und begreifen sich als „The First People", was „die Zuerstgekommenen" heißt. Wie man heute annimmt und in einigen wenigen Fällen auch durch Funde oder überlieferte Aufzeichnungen beweisen kann, ist Amerika schon in der Frühzeit von Europa aus und über den Atlantik besucht worden. Phönizier, Iren, Wikinger und Fischer vor Europas Westküsten haben Amerika lange vor Kolumbus erreicht, dort Handel getrieben, Holz geholt und auf den fisch-

reichen Neufundlandbänken den Klippfisch für die zahlreichen Fastentage der europäischen Christen beschafft.

Mit der Wiederentdeckung des Seeweges zum neuen Kontinent durch Kolumbus setzte dann ab 1492 die europäische Besiedlung ein. Im Gefolge der Reise des spanischen Kapitäns waren zunächst zwei Unternehmungen für den Norden des Kontinents entscheidend: John Cabot bereiste 1497 und 1498 die Maritimes im englischen Auftrage, Jacques Cartier 1534/35 auf Anordnung der französischen Krone. Beide nahmen die Ostregion Kanadas für ihren jeweiligen Herrscher in Besitz — die Indianer vergaßen beide zu befragen. Damit war der englisch-französische Krieg, der über zwei Jahrhunderte hinweg mit kurzen Unterbrechungen an der Atlantikküste ausgetragen wurde, begründet. Ab 1763 war Frankreich ausgeschaltet. Die Region, die aus rund 20 englischen, teilweise selbstverwalteten Kolonien bestand, unter einheitlich englischer Oberherrschaft zusammengefaßt. Das änderte sich ab der „Boston Teaparty" vom

Steht unter Naturschutz — der Forillon National Park mit seiner rauhen Landschaft und der erhaltenswerten Flora und Fauna

4. Juli 1774. Der Ablösungskampf der amerikanischen Kolonien, der zur Gründung der USA führte, fand keineswegs den einmütigen Beifall der Bevölkerung. Erwies sich einerseits nun die katholische Ausrichtung der französischsprachigen Mehrheit in den Maritimes und Québec als immunisierender Effekt, so kam andererseits eine regelrechte Völkerwanderung von Royalisten oder Loyalisten in Gang. Teils aus eigenem Entschluß, teils von der republikanischen Mehrheit nachdrücklich gefördert, strömten über 100 000 Menschen nach Norden. Die englische Krone unterstützte ihrerseits diese Völkerwanderung durch Zusagen der finanziellen Entschädigung und Zahlung von Eingliederungsbeihilfen.

Diese Entwicklung führte zu einer dichteren Besiedlung der Maritimes, zur zahlenmäßigen Überflügelung der französischsprachigen Bevölkerung und damit zur Ausprägung des Sprachenstreites bis hin zu seiner heutigen Ausformung, zur Entstehung der überwiegend englischsprachigen Provinz Oberkanada (heute Ontario) und zur Stabilisierung einer ge-

Einzigartige, von Fjorden aufgespaltene Küste im Westen Newfoundlands, der Gros Morne National Park

schlossenen USA-feindlichen Bevölkerungsstruktur. Als die USA dann 1812 die verbliebenen englischen Kolonien überfielen und den USA einverleiben wollten, stießen sie auf den erbitterten Widerstand der Kanadier. Die USA verloren den zweijährigen Krieg und mußten 1814 froh sein, daß ihnen im Friedensschluß der alte Zustand zugesichert wurde.

Andererseits blieb die republikanische Nachbarschaft nicht ohne geistige Einflüsse auf das Selbstverständnis der Kanadier. Zu dieser Zeit unterschied man zwischen den Kolonien Upper und Lower Kanada sowie den Maritimes. Grob umrissen umfaßte ersteres die heutigen Siedlungsgebiete von Ontario an den Seen und das andere das heutige Québec im Tal des unteren St. Lawrence-Stromes. Dazu gehörten noch vier Seeprovinzen Kanadas. Ernste Unruhen und örtliche Rebellionen, die zu Blutvergießen und einigen Toten führten, brachten Königin Victoria zum Handeln. Sie legte 1841 die beiden Kanadas zusammen, gewährte der Kolonie die Selbstverwaltung und gab ihr das Recht auf eine eigene Regierung und ein eigenes Parlament. Erste Hauptstadt war Kingston/Ontario bis 1857, danach Ottawa. Am 1. Juli 1867 erließ die Königin dann den „North America Act", mit dem auf eigenen Wunsch die drei Maritimes hinzugefügt wurden (Prince Edward Island zögerte den Beitritt aber noch einige Jahre hinaus und trat erst 1873 bei). Bereits 1870 trat die entgegengesetzt auf der anderen Seite des Kontinents liegende Provinz British Columbia dem Bund bei, und die kanadische Regierung erkaufte sich im selben Jahr die Hoheitsrechte über das Binnenland. Diese lagen bis dahin bei der Hudson's Bay Company. Aus diesen Gebieten entstanden dann die kanadischen Bundesstaaten Manitoba, Saskatchewan und Alberta sowie die beiden Territorien. Als zwölfte und letzte Provinz Kanadas schloß sich 1949 erst Newfoundland an.

Kanada ist heute ein Bundesstaat. Staatsoberhaupt ist die englische Krone, vertreten durch den in Ottawa residierenden Generalgouverneur der Königin. Die Regierung des kanadischen Ministerpräsidenten ist dem Parlament in Ottawa verantwortlich, das nach englischem Vorbild aus Ober- und Unterhaus besteht.

Die zwölf Provinzen haben jeweils ein eigenes Parlament, die Legislative. Der jeweilige Ministerpräsident ist dem Einkammerparlament verantwortlich. Die zehn völlig selbständigen Bundesstaaten haben außerdem noch den Lieutenant-Governor als Stellvertreter des Staatsoberhauptes, der englischen Krone. Die beiden Territorien nicht, da sie unter Vormundschaft des Bundes in Ottawa stehen: ihrer dünnen Bevölkerungsdichte wegen (25 000 bzw. 50 000 Einwohner) sind sie unfähig, ihre finanziellen Bedürfnisse durch eigenes Steueraufkommen auch nur annähernd zu erwirtschaften.

Gros Morne National Park

Der knapp 200 qkm große Gros Morne National Park liegt im Mittelstück der Westküste von Newfoundland, am Golf of St. Lawrence und dem Festland der Provinz Québec gegenüber. Er ist voll erschlossen, die NF Route Nr. 430 durchläuft ihn in voller Länge von Süden nach Norden. Die einzigartige, von Fjorden aufgespaltene Westküste Newfoundlands soll in ihrer landschaftlichen und geologischen Beschaffenheit erhalten bleiben. Deshalb wurde der Park in die Liste der World Heritage Sites der Unesco aufgenommen und erhielt so einen zusätzlichen Schutz.
Die Fjordwände ragen z. B. im rund 20 km langen Brook Pond bis zu 450 m steil in die Höhe. Weite Teile des zum kanadischen Schild zählenden Gebirges sind nach wie vor kahles Felsgestein. Die Parkverwaltung veranstaltet geführte Touren und in einigen reizvollen Fischerdörfchen in den Fjorden kann man Boote mieten sowie zum Fischen mit hinausfahren. Der für alle Outdoorunternehmungen offene Park wird im Südteil durch eine weitere Straße erschlossen, die NF Route Nr. 431, die dem größten Fjord „Bonne Bay" folgt. Hier kann man auf dem Lomond Campground der Parkverwaltung für 5 Can$ übernachten. Unter den drei weiteren Campgrounds der Parkverwaltung ist der Berry Hill Campground, 4 km nördlich von Rocky Harbour an der NF Route 430, der komfortabelste und kostet daher auch 8 Can$ pro Nacht.
Die Attraktion des Parkes ist neben der eindrucksvollen Küstenformation die unter Naturschutz stehende kleine Karibuherde Newfoundlands.
Information: Superintendent Gros Morne National Park, Box 130, Rocky Harbour NF A0K 4N0, Tel. (7 09) 4 58-20 66.

Halifax

Wie so viele Städte Nordamerikas verdankt auch Halifax, die Hauptstadt von Nova Scotia (114 594 Einwohner), ihre Entstehung einem einmalig geformten Naturhafenbecken. Wie ein Wellenbrecher stemmt sich die McNab's Insel in der Einfahrt den Wogen des Atlantiks entgegen. Dahinter weitet sich das erste Hafenbecken, Halifax Harbour. An seinem Westufer liegt die Stadt Halifax mit Hafen, Zentrum und Zitadelle. Nach Nordwesten zu verengt sich die Durchfahrt. Hier liegt an den Narrows die Stadt Dartmouth gegenüber, durch zwei Highways über die MacDonald und über die MacKay Bridge mit Halifax verbunden; beide sind mautpflichtig. Und hinter den Narrows schließt sich das Bedford Basin an, ein bisher noch nicht voll genutztes, weiteres großes Hafenbecken. Ein weiterer Fjord, von der Hafeneinfahrt ausgehend, trennt Halifax fast vom Festland ab, so daß die Stadt auf einer Halbinsel zu liegen scheint, von Halifax Harbour und dem North-West-Arm umfaßt. Wen wundert es, daß hier auch die kanadische Atlantikflotte der Kriegsmarine zu Hause ist.

Halifax / **Geschichte**

Die Siedlung ist angesichts der historischen Ereignisse noch recht jungen Ursprunges. Erst 1749 machte der britische Befehlshaber Colonel Cornwallis den Hafen zum Anlandungspunkt der englischen Streitkräfte. Man begann sofort mit dem Bau der Befestigungsanlage die heute als *The Halifax Citadel* den Hafen überschaut. Sie wurde 1856 fertiggestellt, war aber schon bei Baubeginn überflüssig und wurde nie angegriffen, 1956 wurde sie als *National Historic Site* zum Freilichtmuseum erklärt. Heute paradieren zur Freude der Besucher junge Studenten aus Halifax in historischen Uniformen, als Royal Highländer natürlich im Schottenkilt, und spielen auf der Höhe über Halifax den nie stattgefundenen Ernstfall nach.

Halifax / **Sehenswürdigkeiten**

In der Altstadt sind die *Historic Properties* ein buntes Stück Vergangenheit und den Besuch wert. Innerhalb „der Welt zweitgrößtem Naturha-

Trotz einiger gemäßigter Hochhäuser — Halifax ist eine beschauliche Kleinstadt geblieben ▶

fen" ist ein ganzer zusammenhängender Block im alten Stil erhalten geblieben. Vom „Boardwalk" umschlossen, liegen die Häuser der Schiffsbauer und die Warenlager der Reeder. Heute verbirgt sich hinter den historischen Fassaden eine Einkaufsstraße mit zahlreichen urigen Pubs. Auf *McNab's Island* in der Hafeneinfahrt findet man alte Festungsanlagen. Die Fähre ab Cable Wharf bringt Besucher hinüber, für die aber meist der Badestrand und die Anlagen am Ufer attraktiver sind. Im Sommer werden hier Festivals veranstaltet.

Und wer noch immer nicht genug Martialisches gesehen hat, kann im *York Redouble,* einer weiteren Festung aus dem Jahr 1793, noch mehr historische Relikte besuchen, man erreicht es in 15 Minuten vom Zentrum über die NS Route 253 zum Hafeneingang.

Das Wahrzeichen von Halifax ist aber die *Old Town Clock* am Fuße der Zitadelle. Uhr und Glockenturm brachte Prince Edward 1803 aus London herüber. Der Sohn von König Georg III. wurde 1793 Oberkommandierender der Landesverteidigung, um Nova Scotia gegen ein Übergreifen der französischen Revolution zu verteidigen — was dann doch nicht nötig war. Unter den Parks der Hauptstadt ist vor allem der *Halifax Public Garden* zu nennen. Es ist wirklich eine prachtvolle und sehenswerte Anlage.

Obwohl einige gemäßigte Hochhäuser zu einem modernen Erscheinungsbild der Stadt beitragen, ist Halifax unübersehbar eine Kleinstadt von gestern geblieben. Der alte Kern der Siedlung ist noch erhalten und die meisten wichtigsten Verwaltungsgebäude sind schon damals, unter dem Vater der späteren Königin Victoria, um 1800 entstanden. Die *St. Paul's Anglican Church,* das älteste protestantische Sakralgebäude Kanadas, steht schon seit 1759. Unter den Galerien der Stadt sticht die Art *Gallery of Nova Scotia* hervor, die ihrem hohen Anspruch gerecht wird. Sie ist im ehemaligen *Dominion Building* von 1876 an der Hollis Street 1741 untergebracht. Das historische Gebäude hat schon einiges hinter sich. Es diente als Postamt, Zollamt, Gerichtsgebäude und Polizeipräsidium der RCMP. Neben nicht weniger als acht Universitäten und Hochschulen beherbergt die Stadt zahlreiche Theater, Museen und Galerien. An Regentagen dürfte bei keinem Besucher Langeweile aufkommen, dafür sorgen die endlos vielen, im Sommer nahezu täglich stattfindenden Veranstaltungen kultureller Art.

Halifax / **Praktische Informationen**

Bahnhof: VIA Rail Inc., 1161 Hollis St., Halifax, NS B3H 2P6, Tel. (9 02) 4 29-84 21. Die Station liegt im Zentrum, südlich des Hafens, am Südende der Hollis St.

Busverbindungen: Der Busterminal liegt nordostwärts im Zentrum, Ecke Robie und Almon St. Die Acadian Lines Ltd. (6040 Almon St., Halifax, NS B3K 1T8, Tel. (9 02) 4 29-84 21) befährt als Überlandbuslinie die Provinz Nova Scotia. Die Greyhound-Pässe sind gültig.

Essen und Trinken

„The Halifax Lobster Feast", 5078 George St., Halifax Ferry Wharf, NS B3J 1M4. Restaurant an Bord der ehemaligen Halifax/Dartmouth-Fähre; Hummer, Meeresfrüchte, große Salatbar. Geöffnet vom 15. Mai bis zum 15. Oktober täglich von 16 bis 23 Uhr.

„Le Bistro Café", 1333 South Park St., Halifax, NS B3J 2K9. Leichte Gerichte, Fisch, sonntags Brunch. Familiäre und freundliche Atmosphäre, im Sommer kann man draußen sitzen. Donnerstag bis Sonntag klassische Gitarrenabende. Das ganze Jahr täglich von 11.30 bis 13 Uhr geöffnet.

„Voilà Restaurant", 5140 Prince St., NS B3J 1L4. Französische Küche. Ganzjährig geöffnet, Dienstag bis Freitag 11.30 bis 2.30 Uhr, Dienstag bis Sonntag von 18 bis 22 Uhr, Montag geschlossen.

„Satisfaction Feast Restaurant & Bakery", 1581 Grafton St., NS B3J 2C3. Vegetarische Speisen, Menüs, Vollwertbäckerei, Kinderportionen. Ganzjährig geöffnet, Montag bis Samstag 11 bis 22 Uhr, Sonntag 16 bis 19 Uhr.

„The Halliburton House", 5184 Morris St., NS B3J 1B3. Fisch und Meeresfrüchte, Entenbraten, hausgemachte Desserts, Kindermenüs. Ganzjährig geöffnet, täglich 18 bis 21 Uhr.

Flughafen: Halifax International Airport, P.O. Box 470, Dartmouth, NS B2Y 2Y8, Tel. (9 02) 4 27-55 00. 25 km nördlich vom Zentrum, kein Anschluß an örtliches Nahverkehrsnetz, aber Verbindung durch Airport-Busse, die im Pendelverkehr (von 6 bis 22 Uhr) zu den großen Hotels fahren. Wer nicht in diesen Hotels gebucht hat, muß sehen, daß ihn der Fahrer nahe seinem Ziel herausläßt.

Information: Nova Scotia Tourism and Culture, 4th Floor, Cornwallis Place, 1601 Water St., Halifax, NS B3J 3C6. Geöffnet Montag bis Freitag von 8.30 bis 16.30 Uhr.

Tourism Halifax, P.O. Box 1749, Halifax, NS B3J 2A5, Tel. (9 02) 4 21-64 48. Das Amt liegt an der Ecke Duke St./Barrington St. in der City Hall. Ein weiteres Informationsbüro befindet sich im Old Red Store der Historic Properties am Hafen.

Unterkunft

Bed & Breakfast: „Boutilliers Bed & Breakfast"***, 5 Boutilliers Grove, Dartmouth, NS B2X 2V9. Von Januar bis Oktober, Preise zwischen 40 und 45 Can$.

„Caroline's B & B", 134 Victoria Rd., Dartmouth, NS B3A 1V6. Ganzjährig geöffnet. 3 Zimmer, 2 Badezimmer, Preise zwischen 25 und 30 Can$.

„Fresh Start Bed & Breakfast"***, 2720 Gottingen St., Halifax, NS B3K 3C7. 5 Zimmer, Preise zwischen 35 und 50 Can$.

Gästehaus: „Fountain View Guest House", 2138 Robie St., Halifax, NS B3K 4M5. Ganzjährig geöffnet. 7 Zimmer, 4 Badezimmer, Preise zwischen 24 und 30 Can$.

Hotels: „King Edward Inn", 5780 West St., Ecke West & Acricola St., Halifax, NS. Ganzjährig geöffnet. 44 Zimmer, Preise zwischen 55 und 65 Can$.

„The Cat and Fiddle Inn", 1946 Oxford St., Halifax, NS B3H 4A2. Ganzjährig geöffnet. 12 Zimmer, Preise zwischen 34 und 44 Can$.

„The Lord Nelson Hotel"*, 1515 South Park St., Box 700, Halifax, NS B3J 2T3. Ganzjährig geöffnet. 210 Zimmer, Preise zwischen 58 und 108 Can$.

„Welcome Inn", 1254 Hollis St., Halifax, NS B3J 1Z6. Ganzjährig geöffnet. 27 Zimmer, 13 Badezimmer, Preise zwischen 27 und 40 Can$.

Hudson's Bay Company

Mitte des 17. Jahrhunderts hatten französische Siedler und Händler längst den Pelzreichtum des Nordens entdeckt und entlang dem St. Lawrence-Strom für den europäischen Markt erschlossen. Aus zwei Indianersiedlungen am Fluß entstanden wichtige Marktplätze, heute heißen sie Québec und Montréal. Französische Gouverneure hüteten das französische Pelzhandelsmonopol, das der Krone mehr als nur Ersatz für den erhofften Goldreichtum war und dem Hof zu Versailles ähnlichen Reichtum verschaffte wie das Gold den Spaniern.

Zu den neuen Abenteurern, die hier schnell zu einem großen Vermögen kommen wollten, gehörten auch Medard Chouart, Sieur des Groseilliers und sein Schwiegersohn Pierre Esprit Radisson. Durch gute Beziehungen zum Land und den Indianern gelang ihnen der große Wurf. Das brachte ihnen jedoch nicht den erhofften Reichtum sondern den Neid des Gouverneurs ein. Der, ein kleiner Sonnenkönig weit ab von der Aufsicht seines Königs, fand rasch einen Vorwand und beschlagnahmte die Pelzladung. Der Reichtum floß so unversehens in ganz andere Taschen.

Das hätte er besser nicht getan. Zwar durfte er sich auf seine nicht minder korrupten und bestens geschmierten Kumpane am Hof zu Versailles verlassen, aber nicht auf die resignierende Hinnahme seines Vorgehens durch die Betrogenen. Am Hofe Frankreichs mit ihrer Klage abgeblitzt, fuhren sie nach England. Dort fanden sie bei König Charles II. nach einigem Zögern Interesse. Sie erhielten zwei Schiffe unterstellt und sollten nun beweisen, daß der behauptete Pelzreichtum vorhanden war. Obwohl

Machen sich in den Nationalparks schon mal über herumliegende Essensreste her — die Bären

die „Eaglet" von einem Sturm zur Umkehr gezwungen wurde, gelang den beiden Franzosen mit der „Nonsuch" die Reise. Sie umsegelten mit Hilfe der Besatzung die französische Herrschaftszone und bogen in jene Bay ein, die 1610 von den englischen Seefahrer Henry Hudson entdeckt und nach ihm benannt worden war. In ihrem südlichsten Winkel gingen sie am 29. September 1668 vor Anker und bauten an der Mündung eines großen Flusses ein Fort, zunächst nach dem König „Fort Charles", heute Fort Rupert genannt.

Die Heimkehr der „Nonsuch", bis unter die Planken mit Pelzen gefüllt, übertraf alle Erwartungen. Der am englischen Hof lebende Prinz Rupert von der Pfalz hatte im Nu einige gutbetuchte Adlige beisammen, die gewillt waren, weitere Fahrten zu finanzieren. Der Prinz war nicht irgendein Höfling. Er hatte seinem Vetter, König Charles II., sowohl als Heerführer wie als Flottenadmiral wertvolle Dienste geleistet und manchen Erfolg erfochten. Der König wußte sich in seiner Schuld. Und als er erfuhr, auf welch billige Weise er diese abtragen konnte, war er sofort bereit, dem Prinzen Rupert eine pompöse Urkunde ausstellen zu lassen. Damit schenkte er diesem überaus großzügig alles Land, das er ohnehin nicht besaß: fast das gesamte heutige Kanada! Am 2. Mai 1670 unterzeichnete der König jene Schutzurkunde, in der er seinem Vetter und dessen 17 Mitgenossen „The Governor and Company of Adventures of England, trading into Hudson's Bay" Hoheits- und Besitzrechte über alle Länder übertrug, die an jenen Flüssen lagen, die in die Hudson Bay münden. Die Einwohner dieser Ländereien vergaß man zu fragen! Wohl niemand der Beteiligten konnte sich auch nur einigermaßen vorstellen, welches riesige Gebiet hier mit einem Federstrich vergeben wurde.

Damit war ein weiterer Grundstein für die kriegerische Auseinandersetzung mit Frankreich gelegt. Nicht gerade ein Krieg im herkömmlichen Sinne — dafür war das Land zu groß und die Zahl der Europäer noch zu gering. Aber wo man aufeinanderstieß, wurde gefochten und getötet, sehr bald auf beiden Seiten mit tatkräftiger Unterstützung jeweils „seiner" Indianer. Das war die Zeit, in der Cooper's Lederstrumpf spielt: Tausende, insbesondere harmlose Siedler, Frauen und Kinder wurden über hundert Jahre bei gelegentlichen Überfällen getötet und massakriert. Die jeweiligen Sieger zerstörten Siedlungen und Forts und zogen mit der Pelzbeute der Verlierer davon.

Erst als Frankreich im Frieden von Utrecht 1713 den Streit mit England vorläufig beilegte, konnte sich die HBC ungehindert ausdehnen. In rascher Folge entstanden Handelsposten entlang der Küste der Hudson Bay und an den Ufern der Flüsse ins Landesinnere hinein. Ihre „Forts", eigentlich nur Blockhäuser, die von einer Holzpalisade umgeben waren, wurden aber erst sehr viel später zu Gründer- und Siedlungszentren der heutigen Städte Kanadas. Zunächst waren Siedler unerwünscht, sie hätten die Pelzgewinnung nur gestört.

Mit dem Friedensschluß von Paris 1763 schien das Handelsmonopol der HBC vollkommen. Frankreich gab sein Kolonialreich im Norden Amerikas auf, die HBC konnte das Erbe übernehmen. Aber gerade hieraus erwuchs nun eine neue Konkurrenz. Englische, vorwiegend schottische Händler strömten ins Land und machten der HBC als „freie" Kaufleute Konkurrenz. Da sie hierbei auf den erbitterten Widerstand der Monopolgesellschaft HBC stießen, war bald ein neuer Kleinkrieg im Gang, in dessen Gefolge sich die „Neuen" zusammenschlossen. Die in Montréal angesiedelte „North West Company" wuchs rasch zu einer machtvollen Organisation heran.

Nun erst begann jene Blütezeit der Handelsfahrten auf dem kanadischen Flußsystem, das den Pelztausch ermöglichte. Die hohe Zeit der Voyageure, auch „Coureur du Bois" genannt, brach an. Ohne sie hätte die beiden Handelsgesellschaften die Durchdringung des Landes nie geschafft. Die französischstämmigen Waldläufer, zumeist Kinder indianischer Frauen, und französischer Einwanderer, brachten die nötigen Fähigkeiten mit, um im Verlaufe einer Saison die Waren bis in die abgelegenste Wildnis zu verschiffen und im Spätherbst mit den erhandelten Pelzbündeln wieder zurückzukehren. Mit dem Eisbruch im Frühjahr brachen ganze Flottillen in leichten Birkenrindenkanus auf, hochbeladen mit Waren.

Die Herren der beiden Handelsgesellschaften aber waren englische Kaufleute und Aktionäre. Nach und nach wurde ihnen klar, daß der Teil ihres Profits, den der Dauerkrieg beider Unternehmungen verschlang, ihnen als Rendite entging. 1821 war man dann so weit: beide Gesellschaften schlossen sich zusammen, die NWC ging in der HBC auf. Die Zeiten der kriegerischen Auseinandersetzungen um die Pelzausbeute Kanadas war beendet, doch mit der Neuzeit zog auch die Handelsfreiheit ins Land. Die 1670 gegründete HBC aber besteht noch heute. Sie hat auch die Zeit der offenen Konkurrenz überdauert. In jeder größeren Stadt findet man ihre Einkaufspaläste, in jedem Dorf am Rande der bewohnten Welt in Kanadas Norden ihre Handelsstore. Der Handel mit Waren aller Art ist aber nicht mehr die Basis der Gesellschaft. Sie zieht längst weit höheren Nutzen aus der Beteiligung an Bergbau- und Industrieunternehmen.

Indianer

„Die Indianer" — schon diese beiden Worte sind falsch! „Die" Indianer gab und gibt es nicht. Die zuerst eingewanderten Besiedler des amerikanischen Kontinents waren keine einheitliche Volksgruppe. Da sie sich in kultureller Ausformung, Körperbau und Aussehen sowie Sprachen erheblich voneinander abheben, geht man davon aus, daß in vielen aufeinanderfolgenden Wanderschüben sehr unterschiedliche Menschengruppen aus Asien über Sibirien nach Amerika eingewandert sind.
Welcher Rasse die ersten Einwanderer angehörten, die man „Paläoindianer" nennt, läßt sich nicht mehr ermitteln. Das unterschiedliche Erscheinungsbild ihrer heutigen Nachkommen läßt darauf schließen, daß mit jeder neuen Zuwanderungswelle auch immer wieder neue Völker kamen, sich vermischten oder nicht, und wieder auseinanderdrifteten. Stolze, hochgewachsene Krieger mit scharfem Römerprofil gibt es auch, aber im Norden nur vereinzelt. Dessen indianische Bevölkerung weist breite, runde und flache Gesichter bei überwiegend recht stämmigem Körperbau auf. Wer sie daher für nahe Verwandte der Inuit hält, hat nur vom Augenschein her richtig getippt. Denn „die" Indianer gehören in keinem Fall zur mongolischen Rasse, die dafür typische Lidfalte am Auge fehlt ihnen völlig. Es muß sich daher um Völker gehandelt haben, die zwischen Mongolen und Kaukasiern seßhaft waren (letzteres sind unsere Vorfahren), ehe sie es vorzogen, nach Amerika auszuwandern. In Körperbau und Aussehen haben sie mit beiden Rassen etwas gemeinsam, sind aber eher mit uns verwandt. Und „Rothäute" sind die Indianer ebenfalls nicht! Man vermutet, daß die Beothuk, ein von den Weißen schon im 19. Jahrhundert ausgerottetes Indianervolk auf Newfoundland, zu diesem hartnäckig bestehenden Glauben Anlaß gaben. Von ihnen berichten alte Chroniken, daß sie sich von Kopf bis Fuß rot zu schminken pflegten. Darüber trugen sie Felle, wenn es ihnen zu kalt wurde.

Wenn es also weder „die" noch „Indianer" noch „Rothäute" gibt — wer sind diese Menschen dann? Die einfache, bisher mögliche Antwort ist: Sie waren und sind die einheimischen Amerikaner, die als erste auf den Kontinent eingewandert sind, alle eine hell- bis dunkelbraune Hautfärbung aufweisen, mit den beiden oben genannten Rassen verwandt, aber nicht identisch sind und denen eine unglaublichen Vielfalt völlig verschiedener und ausdrucksstarker Sprachen zur Verfügung stehen.

Insgesamt gibt es sechs sprachliche Grundsysteme, die rund 125 verschiedene Sprachen umfassen. In Ostkanada haben wier es nur mit zwei Sprachgruppen zu tun: Algonkin und Irokee. Sie stehen aber nicht für bestimmte Stämme, außer der kleinen Irokee-Gruppe, sondern fassen nur verwandte Sprachsysteme zusammen.

Heute leben in New Brunswick, im Süden der Insel Newfoundland, in Nova Scotia, Québec und auf Prince Edward Island nur noch Micmac-Indianer, in Québec außerdem noch Huronen.

Buntes Treiben beim Hot Balloon Festival / Montréal

Informationen

Der Tourismus ist eine wesentliche Grundlage der kanadischen Wirtschaft und wird daher intensiv gefördert. Jede Kleinstadt hat ein Informationsamt, das von Ort zu Ort anders heißt: Visitor Information Center, Visitor Reception Bureau oder Convention and Visitors Bureau usw., aber meist mit dem international bekannten „i" gekennzeichnet und ausgeschildert ist. Dort kann man alles Wissenswerte erfragen und kostenlos Prospekte, Veranstaltungshinweise, Stadtpläne usw. erhalten.

Darüber hinaus unterhält jeder Bundesstaat ein ausgedehntes Informationssystem über seine Region. Es besteht immer aus einer Zentralstelle und einer Reihe von Zweigbüros an der Landesgrenze bzw. in großen Städten. Von der jeweiligen Zentrale erhält man gratis die Straßenkarte der Provinz, das Verzeichnis der Unterkünfte und Ereignisse zugesandt und kann sich so eingehend auf seinen Urlaubsaufenthalt vorbereiten. Wesentlich ist, daß man seine Anfrage genau überlegt und präzise nach Spezialinformationen fragt, denn der bereitgehaltene Prospektberg ist derart groß, daß z. B. Jagdinformationen nur auf Verlangen zugesandt werden. Und schließlich unterhält der Bundesstaat Kanada ein Informationsamt, das generelle Informationen über das Land versendet: Kanadisches Fremdenverkehrsamt, Taunusstr. 52-60, 6000 Frankfurt/M., Tel. (0 69) 23 03 74. Außerdem hat die Provinz Québec in Deutschland ein eigenes Büro: *Tourism Québec,* Königsallee 30, Kö-Center, 4000 Düsseldorf, Tel. (02 11) 32 08 16.

Für spezielle Informationen zu den anderen Provinzen muß man sich nach Kanada wenden:

Tourism New Brunswick, P.O. Box 12345, Fredericton NB E3B 5C3, Canada, Tel. (5 06) 4 53-23 77.

Tourist Services Newfoundland, Department of Development and Tourism, P.O. Box 2016, St. John's NF A1C 5R8, Tel. (7 09) 5 76-28 30.

Department of Tourism Nova Scotia, P.O. Box 456, Halifax NS B3J 2R5, Canada, Tel. (9 02) 4 24-50 00.

Visitor Services Prince Edward Island, P.O. Box 940, Charlottetown P.E.I. C1A 7M5, Canada, Tel. (9 02) 3 68-44 44.

Inuit

Die zuletzt gekommenen unter den Ersteinwanderern, die Inuit, siedeln im baumlosen hohen Norden des Kontinents, am Rande und auf den Inseln des Eismeers. Die häufig benutzte Bezeichnung „Eskimo" hört ein Innu nicht gerne. Sie stammt von den Indianern und aus der Sprachfamilie der Athabaska und bedeutet „Rohfleischesser". In den Ohren der Inuit ist das eher ein Schimpfwort.

Die Zuwanderung der Inuit, die mongolischer Abstammung sind, begann erst vor 5000 Jahren; die heutige Bevölkerung des Nordens kam sogar erst vor rund 1000 Jahren ins Land. Infolge ihrer abgelegenen Siedlungsgebiete haben sie sich im Gegensatz zur südlicheren indianischen Bevölkerung weit mehr die überkommene Lebensweise bewahrt. Jagd und Fischfang sind nach wie vor Existenzgrundlage, daneben aber hat ihr handwerkliches Können eine neue wirtschaftliche Heimindustrie entstehen lassen. Überall auf der Welt findet man heute Kunsthandlungen, in denen Inuitkunst angeboten wird: Plastiken, Druckerzeugnisse, Webereien.

In den Gebieten, die in diesem Buch behandelt werden, leben nur an der Nordostküste Labradors und in Québec Inuit. Die Inseln in der James Bay, die Hauptsiedlungsgebiet der Inuit sind, unterstehen wie alle anderen nordischen Inseln dem Northwest Territory.

Jagd

Für Ausländer ist in Kanada die Jagdausübung problemlos möglich. Irgendwelche Papiere und Lizenzen aus Europa sind bedeutungslos und nicht gefragt. Ebenso problemlos ist das Mitbringen der Jagdwaffen zum eigenen Gebrauch *(→Zoll)*. Viele Provinzen machen die Benutzung einer Schußwaffe durch Ausländer vom Nachweis abhängig, daß man eine solche Waffe führen darf. Also gilt grundsätzlich:

Eine beglaubigte Kopie der Waffenbesitzkarte oder des Waffen- bzw. Jagdscheines mitbringen! Wer das nicht kann, muß in der jeweiligen Provinz vor einem Prüfungsbeamten beweisen, daß er mit seiner Waffe umgehen kann.

Die Niederwildjagd darf jeder ausüben, der zuvor einen Jagdschein gekauft hat. Den bekommt man bei den Beamten und Ämtern der Jagdverwaltung, aber auch bei jedem Waffenhändler oder Sportausrüster. Es handelt sich um den einfachen Kauf der Lizenz für ein Jahr, die auf den Namen des Käufers ausgestellt wird. Der Schein ist dann bei der Jagd mitzuführen.

In Kanada gelten die üblichen Schonzeiten, in denen die Jagd verboten ist. Sie ist nicht für jedes jagdbare Wild vorgesehen. Das unterscheidet sich von Provinz zu Staat und Territorium. Die entsprechenden Bestimmungen werden beim Kauf der Lizenz kostenlos abgegeben.

Ebenso unterschiedlich sind die Gebühren für die Niederwildjagd.

Die Hochwildjagd ist ausschließlich in Begleitung eines der zugelassenen Jagdführer möglich. Auch hier wird in jeder Region anders verfahren. Zumeist haben erfahrene und geprüfte Jagdführer ein bestimmtes Gebiet zugeteilt bekommen, in dem sie ausschließlich berechtigt sind, Ausländer zur Hochwildjagd zu führen. Unabhängig davon darf jeder Ortsansässige ohne Jagdführer in genau derselben Gegend jagen, so er das möchte.

James Bay Project

Im Norden Québecs greift das Eismeer mit seinem südlichsten Ausläufer weit in die kanadische Landmasse hinein und bildet als Fortsetzung der Hudson Bay die James Bay. Sie ist ein ausgedehntes Becken, in das mehrere große Flüsse die gesammelten Wasser des Nordhanges des kanadischen Schildes ergießen.

Nun ist Natur für Technikfreaks nicht zum Erleben, sondern zum Ausbeuten und Geldmachen da. Und so fanden sich Politiker, Finanziers und Techniker zum gigantomanischen James Bay Project zusammen. 1971 schuf die Legislative von Québec die gesetzlichen Voraussetzungen, und dann wurde das Werk begonnen. Eine 725 km lange Straße in den Norden wurde angelegt, Stauwerke gebaut, Wasserscheiden durchbrochen sowie Flüsse aufgestaut und umgeleitet. Um die Jahrtausendwende soll es erreicht sein: Eine Region, so groß wie die BRD, wird unter Wasser gesetzt und zu Seen aufgestaut. Über 12 000 Megawatt Elektrizität soll produziert werden. Außerdem ist auch die Nutzung der anderen Flüsse vorgesehen.

Das derzeit zu besichtigende Teilwerk bietet einen schlimmen Anblick. Im Gegensatz zu gleichartigen Werken in Europa wurde nämlich der Wald nicht abgeholzt, sondern einfach „ersäuft"! Kilometerweit ragen die absterbenden Wälder aus der steigenden Flut. Dicht an dicht säumen tote Stämme das Wasser, kein Kanute kann am Ufer fahren oder anlegen. Die Fische im Wasser werden durch die Gerbsäure, von der Baumrinde so viel enthält, verseucht und ausgerottet. Die Auswirkungen für die Umwelt, das Ausmaß der ökologischen Schäden ist nicht absehbar. Und wer auf die Erschließung des Nordens für den Tourismus oder das Outdoorleben hofft, wird ein weiteres Mal enttäuscht: die Provinz Québec schreibt gesetzlich vor, daß jeder Besucher nördlich des 52. Breitengrades einen amtlich bestellten Führer mitnehmen muß — gegen deftige Bezahlung natürlich! Das gilt nicht nur für Kanuten und Angler, auch für jeden Wanderer, der draußen übernachten möchte! Für eine Kanutour auf eigene Faust und Verantwortung gibt es im Norden der Provinz Québec keine

Der Gros Morne National Park wurde von der UNESCO in die Liste der World Heritage Sites aufgenommen

Möglichkeit mehr, und für die Entlohnung seines Guides muß man täglich um die 100 Can$ einplanen.

Kanada

Der Bundesstaat Kanada erstreckt sich im Norden Amerikas zwischen Atlantik und Pazifik. Sein Name entstand durch ein Mißverständnis: Die ersten französischen Ankömmlinge hatten die friedfertige indianische Urbevölkerung in Zeichensprache befragt, wo man denn angekommen sei. Die Antwort war: Kanatta — die in der Sprachfamilie des Algonkin übliche Bezeichnung für Dorf oder Siedlung.

Kanada ist seit 1867 ein selbständiger Bundesstaat unter der repräsentativen Oberherrschaft der englischen Krone. Die englischen Könige sind also Staatsoberhaupt und werden durch einen vom König ernannten Generalgouverneur vertreten.

Der kanadische Bund besteht aus zehn selbständigen Bundesstaaten, auch Provinzen genannt, sowie zwei Territorien mit beschränkter Selbstverwaltung. Leztere sind das Yukon Territory und die Northwest Territories, erstere die von West nach Ost sich erstreckenden Provinzen British Columbia, Alberta, Saskatchewan, Manitoba, Ontario, Québec, New Brunswick, Nova Scotia, Newfoundland und das Prince Edward Island. Die Landfläche Kanadas umfaßt rund 10 Millionen qkm, und ist etwa 40 mal so groß wie die ehemalige BRD. Die Gesamtbevölkerung zählt dagegen nur insgesamt 25 Millionen Menschen.

Karten

Übersichtskarten kann man in Europa bei jedem einschlägig orientierten Sortimenter kaufen — oder schlicht über jeden Buchhändler bestellen. Das sind dann die gängigen „Rand McNally Karten", die für Autofahrer hervorragend geeignet sind und auch für den Überlandreisenden genug Informationen geben. Es gibt sie als Einzelblätter, aber auch als Kartenhefte und Atlanten.

Bei den staatlichen topographischen Detailkarten wird es schwieriger, aber wer ein bestimmtes Gebiet erwandern will, kommt ohne sie nicht aus.

Und für Kanuten, die einen Fluß befahren wollen, sind sie unerläßlich, weil nur sie die Stromschnellen und Wasserfälle anzeigen. Das sind in Kanada Karten im Maßstab 1:50 000. Es sind mehrere tausend, die den Nordteil des Kontinents abdecken! Es gibt sie nicht für jede Ecke, nicht immer sind sie präzise, aber sie erfüllen ihren Zweck. Die nächsten Maßstabsgrößen sind 1:250 000 und 1:500 000, aber diese sind für Wanderer und Kanuten nur als Übersichtsblätter tauglich. Für Stadtbereiche und dichtbesiedelte Regionen gibt es noch andere Detailkarten, nicht aber für die Wildnis. Einzige Ausnahme: für Nationalparks gibt es Einzelkarten unterschiedlicher Maßstäbe, die den jeweiligen Park auf einem Blatt erfassen. Diese Karten erhält man käuflich an den Parkzugängen (Rangerstationen) und über das jeweilige Ministerium. Keine dieser Karten kann aber die erwähnten topographischen Detailkarten ersetzen.

Deren Beschaffung ist in Europa langwierig. Egal, ob über den Handel (teurer) oder zu Originalpreisen selbst beschafft, man muß dafür drei Monate ansetzen, denn auch der Händler in Europa leitet die Bestellung nach drüben weiter. Er nimmt dem Besteller nur die Arbeit ab.

Wer sich Karten selbst beschaffen will, zahlt dafür nur die Originalkosten ab 4 Can$ in Kanada pro Blatt. Zunächst muß man beim zuständigen staatlichen Versender den kostenlosen Index anfordern. Der geht einem mit Preisliste und Bestellschein zu. Dieser Index ist zwingend erforderlich, denn nur dieser ermöglicht es, die benötigte Karte und deren richtige Bezeichnung zu ermitteln.

Hat man die Bestelliste beisamen, ermittelt man den Gesamtpreis anhand der Preisliste und fügt genau diesen Betrag als Vorauszahlung bei — zuzüglich Portokosten, die bei Bestellungen aus Europa mindestens 5 Can$ ausmachen.

Man kann der Bestellung einen Verrechnungsscheck, auf Can$ ausgestellt, beifügen. Es dauert aber etwa 6 Wochen, bis dieser Scheck eingezogen ist, so lange wird der Vorgang nicht bearbeitet! Bei kleinen Beträgen kann man die Summe getrost in Dollar beifügen, in Papierscheinen und bar, das beschleunigt natürlich die Bearbeitung.

Anschrift: Canada Map Office, 615 Booth Street, Ottawa Ontario K1A 0E9. Am preiswertesten kommt man aber an Karten, wenn man sie vor Ort im Bookshop oder auch in Läden für Outdoorgeräte usw. kauft. Hat gerade jemand die Karten „abgeräumt", die man selbst benötigt, so wendet man sich in den Hauptstädten der Provinzen an die Verkaufsbüros der staatlichen Organisationen. Man bekommt dort die Karten gegen Barzahlung — und am preiswertesten.

Kleidung

Es gilt für Nordamerika der Grundsatz, daß man nicht anders gekleidet sein muß als in Europas Norden auch. Man kann also getrost auf normale Reisekleidung zurückgreifen.

Wer einen Wildnistrip unternimmt, sollte sich anders eindecken. Man muß damit rechnen, daß auch im Sommer im Inland und im hohen Norden Wetterumschwünge möglich sind, einige Tage Regenwetter oder kalter Wind sind einzukalkulieren. Wer sich da wohlfühlen möchte und bei beschränktem Tragevolumen nur wenig Kleidung mitführen kann, ist auf eine Standardbekleidung für alle Fälle angewiesen.

Die Provinz Québec bietet gute Wintersportmöglichkeiten

Daher die Empfehlung, die sich auch in der Broschüre der Parkranger aus den nördlichen National Parks findet: Gore-Tex sollte es sein. Mit den leichten Kleidungsstücken aus diesem wetterfesten und zugleich dunstdurchlässigen Material schlägt man gleich mehrere Fliegen mit einer Klappe — und die Moskitos auch! Eine lange Hose und ein Anorak aus diesem Material lösen alle Kleidungsprobleme.

Konsulate

Wer im Ausland in Schwierigkeiten gerät, hat nur eine staatliche Institution im Lande, an die er sich wenden kann: das Konsulat. Gleichgültig, welchen Titel eine solche Stelle führt, sie ist zur Hilfe bereit — sofern eine Notlage vorliegt —, und das wird natürlich zuerst überprüft.

Diplomatische Vertretungen der BR Deutschland

Montréal

Konsulat der BR Deutschland/Consulate General of the Federal Republic of Germany, 3455 rue de la Montagne, Montréal, P.Q. H3G 2A3.
Amtsbezirk: Provinzen New Brunswick, Newfoundland, Nova Scotia, Québec, Prince Edward Island sowie Grafschaft Carleton der Provinz Ontario.

Halifax

Honorarkonsulat der BR Deutschland/Honorary Consul of the Federal Republic of Germany, Holm, Ritsch, Penfound, Suite 708, Bank of Commerce Building, 1809 Barrington Street, Halifax, Nova Scotia B3J 3K8/Canada.
Amtsbezirk: Provinzen Nova Scotia und Prince Edward Island.
Übergeordnete Auslandsvertretung: Generalkonsulat Montréal.

St. John's/Newfoundland

Honorarkonsulat Der BR Deutschland/Honarary Consul of the Federal Republic of Germany, 22 Poplar Avenue, St. John's, Nfld. A1C 6H5.
Amtsbezirk: Provinz Newfoundland.
Übergeordnete Auslandsvertretung: Generalkonsulat Montréal.

Diplomatische Vertretungen von Österreich

Halifax

Österreichisches Honorarkonsulat, Suite 710, 1718 Argyle Street, Halifax, NS B3J 3N6, Tel. (9 02) 4 29-82 00.

Montréal

Österreichisches Honorarkonsulat

1350 Ouest rue Sherbrooke, Suite 1030, Montréal, PQ H3G 1J1, Tel. (5 14) 8 45-86 61.

Diplomatische Vertretung der Schweiz

Montréal

Generalkonsulat der Schweiz

1572 avenue Dr. Penfield, Montréal, PQ H3G 1C4, Tel. (5 14) 9 32-71 81.

Kouchibouguac National Park

Der 238 qkm große Kouchibouguac Naturschutzpark ist der größte der Provinz New Brunswick und liegt an deren dünenreicher Ostküste, am Gulf of St. Lawrence. Er umfaßt Küstenwälder und Salzmarschen, Lagunen und Nehrungen, lange Sandstrände und hohe Dünenberge. Ein Netzwerk von Wanderpfaden erschließt das Innere des Parkes, und an der Küste wird ausgiebig allen Arten des Wassersportes Tribut gezollt. Die NB Route 117 durchläuft den Park von Süden nach Norden, und mehrere Fahrstraßen zweigen von ihr ab und erschließen die Parklandschaft. Drei einfache Campingplätze der Parkverwaltung gibt es im Park. Zahlreiche Unterkünfte bieten am südlich des Parkes liegenden Küstenbereich die Badeorte und Städtchen der Region.

Information: Kouchibouguac National Park, Kouchibouguac NB E0A 2A0, Tel. (5 06) 8 76-39 73.

Labrador

Die Nordostecke des Kontinents, die Region Labrador, ein Stück nördlicher als die Insel Newfoundland gelegen, gehört seit 1927 offiziell zur heutigen Provinz Newfoundland. Erdgeschichtlich gesehen haben die beiden Gebirgsformationen jedoch nichts miteinander gemein. Labrador ist Teil des kanadischen Schildes, seine Gipfel reichen doppelt so hoch hinauf wie die der Insel. Der höchste Gipfel mit dem Namen „Cirque Mountain" liegt weit im Norden bei Ramah und ragt 1676 m ü.d.M. auf. In der Ausdehnung etwas größer als die Bundesrepublik Deutschland, hat Labrador gerade knapp 40 000 Einwohner. Die Natives leben fast ausschließlich in den Kleinsiedlungen in den Küstenfjorden, es handelt sich überwiegend um Inuit; nur im „Eisengürtel" zwischen den Orten Labradorville, NF, und Schefferville, PQ — beide durch die Eisenbahnlinie der QNSLR miteinander verbunden — und in Goose Bay leben überwiegend Weiße.

Die einzige Fahrstraße, die von Goose Bay über 480 km Schotterpiste nach Esker verläuft, wurde im Zuge des Kraftwerkprojektes am Churchill River angelegt. Sie führt durch menschenleere Einsamkeit an den Stromgewinnungsanlagen vorbei. **Goose Bay** am Hamilton Inlet ist das Tor ins Land. Die Kleinstadt mit 8000 Einwohnern entstand als Flughafen der Alliierten im 2. Weltkrieg. Sie dient noch heute als Flugstützpunkt der NATO, auf dem auch ständig Einheiten aus der Bundesrepublik Deutschland üben. Wichtiger jedoch ist ihre Bedeutung als Verkehrskreuz und Versorgungszentrum von Labrador. Wer sich auf die Fahrt nach Esker macht, sollte berücksichtigen, daß es erst nach einer Strecke von 295 km in **Churchill Falls** die ersten Versorgungsmöglichkeit gibt, aber keine Unterkunft. Die gibt es erst nach weiteren 85 km: „Lobstick Lodge & Motel", P.O.Box 86, Churchill Falls, Labrador A0R 1A0, Tel. (7 09) 9 25-32 35, 10 Zimmer, ab 40 Can$, Restaurant, Outfitter/Jagdführung. Nur vom 1. Juni bis 31. Oktober geöffnet.

100 km weiter westlich endet die Straße, die schon heute hochtrabend den Namen „Trans-Labrador-Highway" führt, in Esker, dem Bahnhaltepunkt. Es gibt hier keine Unterkünfte. Es ist möglich, sein Fahrzeug in Esker auf die Bahn zu verladen. Rund 100 km südlich, in **Ross Bay Junction,** gewinnt man Anschluß an das Straßennetz, das von Québec heraufführt. In diesem Winkel Labradors liegen die beiden Bergbaustädte **Wabush** und **Labrador City** mit zusammen 15 000 Einwohnern und allen nötigen Versorgungsdiensten.

Unterkünfte

Hotels: „Sir Wilfred Grenfell Hotel", P.O. Box 700, Wabush, Labrador A0R 1B0, Tel. (7 09) 2 82-32 21, 60 Zimmer, ab 66 Can$, Restaurant, Bar.

„Two Seasons Inn", P.O. Box 572, Labrador City, Labrador A2V 2B6, 21 Zimmer, ab 69 Can$, Restaurant, Bar.

„Carol Lodge", 215 Drake Avenue, Labrador City, Labrador A2V 2B6, Tel. (7 09) 9 44-77 36, 23 Appartements mit Selbsthaushalt, ab 59 Can$.

Am nördlichen Stadtrand von Labrador City, 10 km vom Zentrum entfernt, liegt der Duley Lake Provincial Park Campground mit 100 Stellplätzen und Sandstrand am See. Im Nordwesten der Insel Newfoundland trennt die 30 km breite Meeresstraße „Strait of Belle Isle" die beiden Landesteile. Jenseits in Labrador, verbindet die NF-Route Nr. 510 **Blanc Sablon** über eine Strecke von rund 70 km mit der Küstenorten bis Red Bay. Dieser wird wiederum von der Küstenfähre als südlichster Hafenort angelaufen. Diese Fähre (nur Personen- und Frachtverkehr) fährt regelmäßig die größeren Orte an der Küste entlang bis hinauf nach Nain an. Die übrigen kleinen Orte und die nördlicher als Nain gelegenen Inuitsiedlungen sind nur per Buschtaxi oder individuell anzuheuerndem Boot zu erreichen. Im übrigen ist das Innere Labradors nicht so einfach zugänglich. „Das Land, das Gott Kain gab" ist dem Buschflugzeug vorbehalten. An den besten Fischgewässern wurden Camps der Outfitter angelegt, die ihre Jagdgäste auf Karibu und anderes Großwild führen. Absprungorte sind Goose Bay und die Minenstädte, ein Verzeichnis der zahlreichen Guides erhält man über das Department of Tourism.

Den Kanuten muß hier gesagt werden, daß die Flüsse Labradors und ebenso Newfoundlands für diese Sportart wenig attraktiv sind. Bei beiden Regionen handelt es sich um Tafellandschaften, die schließlich zum Meer hin steil abfallen. Alle nennenswerten Flüsse sind daher in weiten Bereichen ohne Ausnahme nicht befahrbar und bieten in keinem einzigen Fall ein Urlaubsvergnügen. Hierfür kommen nur kurze Flußabschnitte in Frage, und das lohnt die Kosten von Anreise und Einfliegen nicht.

Anders hingegen die ausgedehnten Seenplatten beider Landesteile. Sie bieten sich geradezu dafür an, sie wochenlang mit dem Kanu zu erkunden. Wer einsame Natur und stille Wildnis liebt, kommt da auf seine Kosten. Wie sich die Situation im Einzugsgebiet des neuen Reservoirs Lobstick Lake/Michikamau Lake entwickelt, muß man noch abwarten. Dieses neu entstandene Binnenmeer könnte *der* Urlaubstip werden. In den Küstenorten von Labrador gibt es nur folgende Unterkünfte:

„Northern Lights Inn", L'Anse-Au-Clair, Labrador A0K 3K0, Tel. (7 09) 9 31-23 32, 34 Zimmer, ab 45 Can$ Restaurant.

„Barney's Hospitality", L'Anse-Au-Loup, Labrador A0K 3L0, Tel. (7 09) 9 27-56 34, 3 Zimmer, ab 23 Can$.

„Pinware River Provincial Park Campground", 40 km nördlich von Blanc Sablon, an der NF-Route 510, 25 Stellplätze an einem guten Lachs- und Forellenwasser.

„Charlottetown Inn", Charlottetown Labrador A0K 5Y0, Tel. (7 09) 9 49-46 27, 7 Zimmer, ab 40 Can$, Restaurant.

„Atsanik Lodge", P.O. Box 10, Nain Labrador A0P 1L0, Tel. (7 09) 9 22-29 10, 9 Zimmer, ab 60 Can$, Restaurant und Bar.

Hingewiesen sei noch auf die zwei zentralen Festivitäten Labradors: Die „Heritage Week" findet in der 1. Februarwoche in Labrador City statt, im Arts & Culture-Centre der Stadt. Hierbei geht es um die Darstellung alter und neuer Kunstformen aus Labrador. Das „Wabush Folk Festival" am ersten Juliwochenende ist ein Volksfest, bei dem einheimische wie auswärtige Künstler mit Musikdarbietungen unterhalten.

Ist in Kanada zu Hause — der Elch mit seinem respekteinflößenden Geweih

L'Anse aux Meadows

Hoch im letzten Nordzipfel Newfoundlands, am Ende der NF Route Nr. 436, die zuletzt noch von der nach Norden führenden NF Route Nr. 430 abzweigt, liegt die Fundstätte der bisher ältesten Siedlung europäischer Einwanderer, der L'Anse aux Meadows National Historic Park. Der Norweger Helge Ingstad grub hier ab 1960, nur von der alten Sage der Edda geleitet und von seinem Instinkt getrieben, eine ehemalige Wikingersiedlung aus. Sie ist um das Jahr 1000 n. Chr. herum erbaut worden, auf einer zum Meer hin abfallenden Wiese. Die historisch unzweifelhaft echten Reste beweisen, daß hier Normannen oder Wikinger ansässig waren. Ob das allerdings wirklich das Dorf war, in dem Leif Erikson, Karlsefni oder die blutige Freydis die in der Edda beschriebenen Taten vollbrachten, wird wohl niemand mehr herausfinden. Die ausgegrabenen Ruinen sind überdacht worden und können besichtigt werden. Einige der ehemaligen Bauten wurden im alten Stile rekonstruiert. Im Museum sind die Fundstücke der Ausgrabungen zu besichtigen.

Wer die NF Route 430/436 bis hinauf befahren hat, muß auf derselben Strecke wieder zurück. Die Fähren nach Labrador befördern keine Pkws.

L'Anse aux Meadows / **Praktische Informationen**

Information: Superintendent L'Anse aux Meadows National Historic Park, P.O. Box 70, St. Lunaire-Griquet NF A0K 2X0, Tel. (7 09) 6 23-26 01.

Unterkunft

Campingplatz: „Pistolet Bay", 6 km von Raleigh entfernt an der NF Route 437, 27 Stellplätze, einfach und kostenlos.

Hotels/Motels: „Viking Motel", P.O. Box 552, Pistolet Bay, St. Anthony NF A0K 4S0, Tel. (7 09) 4 54-35 41, 11 Zimmer zu je 38 Can$, Restaurant und Bar.

„St. Anthony Motel", P.O.Box 187, St. Anthony NF A0K 4S0, Tel. (7 09) 4 54-32 00, 22 Zimmer ab 45 Can$, Restaurant und Bar.

„Vinland Motel", P.O. Box 400, St. Anthony NF A0K 4S0, Tel. (7 09) 4 54-88 43, 31 Zimmer ab 50 Can$, Restaurant und Bar.

„Howell's Tourist Home", 76 b East St., St. Anthony NF A0K 4J0, Tel. (7 09) 4 54-34 02, 5 Zimmer ab 21 Can$.

„Valhalla Lodge", P.O. Box 596, St. Anthony NF A0K 4S0, Tel. (7 09) 6 23-20 18, 7 Zimmer ab 35 Can$, worin das deftige Newfie-Frühstück inbegriffen ist (Fish and Brewies).

Laurentide Parks

Nördlich der Städte Ottawa, Montréal und Québec zieht sich eine ganze Kette von Provincial Parks hin, die weite Bereiche auf dem Hochplateau der Laurentides umfassen. Sie sind in mehr als ein Dutzend selbständiger Abschnitte mit jeweils eigener Parkverwaltung unterteilt. Sie sollen große Bereiche der Bergwaldwildnis schützen und erhalten, dienen aber vorwiegend der Erholung der Stadtbevölkerung und sind durch Zufahrtstraßen und Wanderwege erschlossen. Sie dienen im Winter vor allem dem Wintersport der Stadtbewohner, weisen Restaurants, Skipisten, Lifts und Unterkünfte auf. Der westlichste unter ihnen, La Réserve Faunique La Vérendrye, mit der beachtlichen Größe von 13 615 qkm der zweitgrößte der Provinz Québec, wird von einem zusammenhängenden und ausgedehnten Seensystem durchzogen. Das sind mehr als 1000 km Wasserwege für den Kanuten — aber leider nicht immer das reine Vergnügen, da es sich um künstlich aufgestaute Wasserflächen handelt. Je nach Wasserbedarf können weite Uferbereiche häßliche Sumpfhänge sein. Außerdem hat man auch hier den Wald einfach unter Wasser gesetzt, anstatt die Staubecken vorher auszuräumen. Totes Gehölz im Ufersumpf ist daher keine Seltenheit.

Information: Association touristique des Laurentides, 14142, rue de Lachapelle, R.R. no. 1, Saint-Jérôme (Québec), Tel. (5 14) 8 34-25 35.

Madeleine-Inseln

Die zwölf Inseln des Archipels Iles-de-la-Madelaine, von denen aber nur sieben besiedelt sind, liegen nur hundert Kilometer nördlich von Prince Edward Island entfernt im Gulf of St. Lawrence. Mit dieser Insel haben sie die geologische Struktur und rote Sandsteingrundlage gemeinsam, gehören aber zum Bundesstaat Québec. Sechs der Inseln sind durch Nehrungen miteinander verbunden, die einige Lagunen einschließen. Die

PQ Route Nr. 199 verbindet acht Orte auf den sechs Inseln, das sind über 85 km Straße in Form eines Rundkurses. Landstraßen erschließen alle größeren Inseln zusätzlich. Nur die Ile-d'Entrée ist ausschließlich per Fähre zu erreichen. Alle Inseln sind Sandsteinfelsen, die im Zentrum jeweils bis zu 100 m ü.d.M. aufragen und von weiten Sanddünenbergen und Haffs gesäumt werden. Insgesamt sind das 300 km Sandstrand für Badelustige.

Madeleine-Inseln / **Geschichte**

Schon Jacques Cartier berichtete über seine Entdeckung der menschenleeren Inseln. Champlein zeichnete sie auf seiner Karte der Region ein und nannte sie „La Magdeleine". Erst mit der Akadiervertreibung von 1755 begann die Besiedlung, denn auch hierher flüchteten die Akadier vor Verfolgung und Vertreibung. 1787 erhielt ein reicher Adliger nach dem Brauch der Zeit die Inseln als Lehen. Der nutzte das Geschenk zur gnadenlosen Ausbeutung der Insulaner, die in mehreren Schüben der Leibeigenschaft entflohen und so eine Reihe von Siedlungen auf dem Festland begründeten: Blanc Sablon, Sept-Iles und Havre Saint-Pierre sind so entstanden. Erst 1895 befreite ein Provinzgesetz von Québec die Insulaner und machte der Leibeigenschaft ein Ende. Heute leben rund 9000 Menschen auf den Inseln, überwiegend Frankokanadier, Nachkommen der Akadier.

Madeleine-Inseln / **Wirtschaft**

Ursprünglich war die Fischerei Lebensgrundlage auf den Inseln, später kam die winterliche Robbenernte hinzu. Heute ist der Tourismus Voraussetzung für die Existenz auf der Insel. Die entsprechende Infrastruktur ist voll ausgebaut. Rummel gibt es hier jedoch nicht. Wer hierher kommt, will von dem gesunden atlantischen Klima profitieren und die einsamen Sandstrände genießen. Für alle Wassersportarten sind die Möglichkeiten und Geräte vorhanden. Zwei Autoverleiher bieten Pkws für Touren an, aber da die Erkundung der Landschaft per Fahrrad viel erholsamer ist, kann man natürlich auch Räder ausleihen. Und nicht die schlechteste Empfehlung ist es, sich durch die zwei Dutzend Restaurants zu futtern. Ein Bulettenschuppen ist nicht darunter, dafür wird die feine Küche der Meeresfrüchte groß geschrieben. Und die einzige „Industrie" der Inseln, ein Salzbergwerk, bekommt nur der zu sehen, der danach sucht.

Madeleine-Inseln / **Praktische Informationen**

Anreise: Der Flughafen des Archipels liegt auf der mittleren Insel, Ile-du-Havre-aux-Maisons, und hat täglich Linienflugverbindung zu den beiden Großstädten Montréal und Halifax. Weitere Flugverbindungen bestehen zur Halbinsel Gaspé (Gaspé-Stadt und Mont-Joli).
Eine Fährverbindung (Pkws und Personen) besteht zwischen Souri, Prince Edward Island und Cap-aux-Meules. Im Sommer fährt täglich eine Fähre, die Fahrt dauert 5 Stunden. Ein Passagierboot für 15 Personen und Fracht (keine Pkws) fährt einmal wöchentlich von Montréal nach Cap-aux-Meules.
Information: Association touristique des Iles-de-la-Madeleine, C.P. 1028, Cap-aux-Meules, Ile-de-la-Madeleine, PQ G0B 1B0, Tel. (4 18) 9 86-22 45.
Unterkunft: 5 Campingplätze, alle recht komfortabel, mit Dusche und WC, Waschmaschine und Wäschetrockner sind vorhanden, Stellplatz ab 5 Can$. 14 Hotels/Motels bieten Zimmer von 25 bis 100 Can$ pro Nacht.

Früher war die Fischerei auf den roten Madeleine-Sandsteininseln Lebensgrundlage ihrer Bewohner, heute ist es der Tourismus

Maritimes

Maritimes ist der Sammelbegriff für Kanadas Atlantikprovinzen. Ursprünglich waren es nur New Brunswick, Nova Scotia und Prince Edward Island. Erst 1949 trat nach einer ergänzenden Volksabstimmung auch die bis dahin selbständige englische Kolonie Newfoundland dem kanadischen Bund bei. Seither erfaßt man alle vier unter dem Begriff der „Seeprovinzen".

Maße und Gewichte

Kanada hat seine Maßeinheiten längst auf das Dezimalsystem umgestellt. Dennoch sind die alten Bezeichnungen nach wie vor in Gebrauch.

Längenmaße
Mile = 1609,3 Meter = 1 Meile
Kilometre = 0,6214 Mile = 1 Kilometer
Metre = 1,0936 Yards = 1 Meter
Yard = 3 feet = 0,9144 Metre = 1 Yard
Foot = 0,3048 Metre = 1 Fuß
Metre = 3,2808 feet = 1 Meter
Centimetre = 0,3936 Inch = 1 Zentimeter
Inch = 2,54 Centimetres = 1 Zoll

Flächenmaße
Square Mile = 2,5900 qkm = 1 Quadratmeile
Square Kilometre = 0,3861 Square Miles = 1 Quadratkilometer
Square Foot = 0,0929 Square Metre = 1 Quadratfuß

Flüssigkeitsmaße
Imperial Gallon = 4,5460 Litres = 1 kanadische Gallone
US Gallon = 3,7853 Litres = 1 US-Gallone in Alaska
Litre = 0,2201 Imp. Gallon = 1 Liter
Litre = 0,2642 US-Gallon = 1 Liter

Gewichte
Kilogram = 2,2046 Pound (lbs) = 1 Kilogramm
Pound = 0,453 Kilogram = 1 (angels.) Pfund zu 16 Unzen
Ounce = 28,35 Grams = 1 Unze

Goldgewichte
Grain = 64,7989 Milligrams = 1 Korn
Pennyweight = 24 Grains = 1,5552 Gramm
Ounce troy = 20 Pennyweights = 31,1035 Gramm
Pound troy = 12 Ounces troy = 373,2417 Gramm

Montréal

Montréal, die Millionenstadt am St. Lawrence River, ist — obwohl in der Provinz Québec gelegen — vielleicht die Stadt, in der man Kanada am nächsten kommt; dem Vielvölkerstaat Kanada mit seiner Einwanderer- und Brauchtumsvielfalt.
Das Häusermeer der Stadt liegt auf einer Insel, durch einen Mündungsarm des Ottawa Flusses vom Festland getrennt, genauer: von der größten Vorstadt, Laval, denn diese liegt ihrerseits auf einer Insel, die durch einen weiteren Mündungsarm des Rivière des Outaouais vom Festland abgeschieden ist. Der Ottawa mündet südwestlich der Stadt in den St. Lawrence River. Beide bilden hier den breiten Lac des Deux Montagnes. Von diesem geht ein ebenso ausgedehnter Arm nach Nordosten ab und teilt sich in zwei Flüsse auf, den Rivière des Mille Isles, den „Fluß der tausend Inseln" (was fast zutrifft), der die beiden Inseln vom Festland trennt. Der andere Arm heißt Rivière des Prairies, der die beiden Inseln voneinander trennt. Nördlich der Stadtagglomeration vereinigen sich beide und fließen gleich darauf mit dem St. Lawrence zusammen, den der eigentliche Ottawa River beiderseits der Insel Notre-Dame-de-l'Ile-Perrot und im Lac St. Louis längst mit seinen Wassern angereichert hat.

Montréal / Geschichte

Die Lage war es, die auch Jacques Cartier 1635 zu denken gab, als er dort anlangte. Daß er sich nicht — wie erhofft — auf dem Weg nach China befand, erkannte er rasch, die Stromschnellen ließen keinen Zweifel an der Flußnatur der vermeintlichen Meeresstraße aufkommen.
Er legte bei den Indianern an, die hier ihr Großdorf Hochelaga bewohnten. Einen mächtigen Hügel, der hoch über dem Fluß aufragte, im Zentrum der Insel Montréal taufte er „Mont Royal", und die Stromschnellen,

die seiner Reise ein Ende machten, heißen noch immer „Lachine", weil er dahinter Asien vermutet hatte. Der kanalisierte St. Lawrence-Seeweg erlaubt heute selbst Hochseefrachtern den Weg stromaufwärts und über die Großen Seen bis nach Duluth, am Ende des Lake Superior und Chicago, am Ende des Lake Michigan (beide USA). Nach China gelangt man aber auch heute auf diesem Wege nicht.

Am Ende des damaligen Seeweges nach Europa entstand dann 1642 die erste Siedlung. Der fromme Paul de Chomedey, Sieur de Maisonneuve, und die ihn begleitende Äbtissin Jeanne Mance brachten 40 Siedler mit, waren aber mehr an der Bekehrung der Heiden interessiert. Ihre Niederlassung nannten sie „Ville-Marie". Aus der Missionsstation am späteren Place Royale entwickelte sich schnell ein Pelzhandelsposten. Schon damals trug die Verkehrssituation zum raschen Aufschwung bei. Von hier aus liefen die Pelzhandelswege ins Land, und der Seehafen diente als Ort für die Verschiffung der Ausbeute. Mehr als zwei Jahrhunderte lang war der Ottawa River der Hauptweg für den Transport der Waren ins Landesinnere und der Pelze zur Stadt. Von Montréal aus wurde der kanadische Westen bis an die Rocky Mountains und hinauf ans Eismeer erkundet, erschlossen und seine Ressourcen ausgebeutet. Hier gründeten 1748 Händler die North West Company, die bald zur großen Gegenspielerin der ebenfalls britischen Hudson's Bay Company wurde. Die Reisenden beider Gesellschaften erschlossen die Flußsyteme zu Handelswegen, und man rivalisierte um die Pelzausbeute der Inlandindianer, mal mit höheren Preisen, mal mit blutigen Kämpfen. 1821 löste man das Problem nach gut kapitalistischer Manier, legte beide Gesellschaften zusammen und beseitigte so die lästige Konkurrenz. Zuvor hatte sich das aufstrebende Städtchen rund um die alten Plätze in Vieux Montréal, Place Royale, Place d'Youville und Place d'Armes am 8. September 1760 den britischen Truppen unter General Amherst ergeben. Unter englischer Herrschaft drängten nun britische Händler, vorwiegend aus Schottland, mit ihrem Kapital auf den neuen Markt. Montréal wuchs und wuchs. Die neuen Verkehrswege für Eisenbahn und später das Automobil liefen bald am Hafen zusammen, Industrie und Handel hatten ihren bevorzugten Standort gefunden. Ein- und Zuwanderer fanden rasch Arbeit und Aufnahme, die Stadt platzte aus allen Nähten. Die alten Mauern wurden ersatzlos geschleift, das Häusermeer der Stadt reichte bald bis an die Ufer und hinüber in

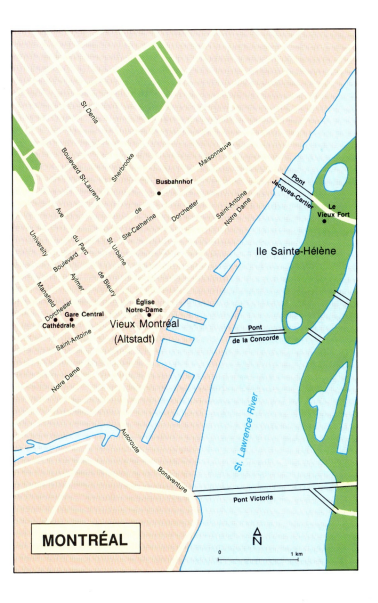

neue Vororte. Schließlich wuchs sie in der City, ganz nach amerikanischem Stil, zu einem Wolkenkratzerwald in die Höhe, einem Manhattan am St. Lawrence River, mit einer überraschenden und eindrucksvollen Großstadtkulisse, wie man bei der Anreise staunend feststellt.

Zum Glück blieb der alte Stadtkern daneben erhalten während der Bauboom unvermindert anhält, nicht wenig angeheizt in letzter Zeit durch die Weltausstellung Expo 67, die Olympischen Spiele von 1976 und die Bundesgartenschau von 1980. So ist z. B. das einzigartig ausgebaute U-Bahnsytem entstanden, verbunden mit einer perfekten Ergänzung durch das oberirdische Busnetz des öffentlichen Nahverkehrssystems.

Obwohl die größte französischsprachige Stadt nach Paris, ist Montréal dennoch unübersehbar eine amerikanische Großstadt, die einer vielseitigen kulturellen Entwicklung freien Raum gibt. Das spiegelt sich wider im Kunst- und Kulturleben der City. Das erlebt man beim Schlendern durch die Straßen und vor allem bei Spaziergängen in den Parks.

Montréal / **Sehenswürdigkeiten**

Le Vieux Montréal, die Altstadt oder downtown, es macht wenig Mühe, sich die gut erhaltenen und durchgehend renovierten Straßen und Plätze des ältesten Teiles der Metropole zu erlaufen. Am besten beginnt man an der U-Bahn Station „Champ-de-Mars" der Linie 2 (rot). Südlich von ihr liegt der *Place-de-Vauquelin* mit der Statue, die an den glücklosen Verteidiger Französisch-Kanadas von 1759/1760 erinnert. Das *Champ-de-Mars* war der Paradeplatz, aber auch Versammlungsort und Promenade für die Menschen des vorigen Jahrhunderts. Heute ist die Zone dem Auto gewidmet: Parkareal. Zwei sehenswerte Baulichkeiten, im Westen das alte *Palais de Justice* von 1856 und im Osten das *Hôtel de Ville* von 1872 säumen den Platz.

Auf dem anschließenden *Place Jacques Cartier,* der um 1800 angelegt wurde, ziert die Nelsonsäule zum Gedenken des Sieges von Trafalgar den bis zum Hafen reichenden langgezogenen Platz. Zahlreiche Restaurants und Straßencafés laden zum Rasten ein. Bis hinunter zum Hafen trifft man Künstler aller Art, Musikanten und Jongleure unterhalten das Volk, Konzerte und Straßentheater finden ihre Zuschauer und Zuhörer. Gleich vorne, noch bei der Nelson Säule, liegt an der Südwestecke des

Place Jacques Cartier und der Rue Notre-Dame das „Tourist Information Center".

Etwas weiter nebenan, Nr. 280 Notre-Dame, liegt das *Chateau de Ramezay,* die frühere Residenz des Gouverneurs, erbaut 1705. Heute befindet sich hier ein Museum, das die Lebenspreise des alten Montréal dokumentiert.

Weiter auf der Notre-Dame nach Osten, gelangt man zum *House of George-Etienne Cartier,* 458 Notre-Dame, der einer der Gründungsväter von 1867 war. Die Anlage besteht aus zwei Gebäuden im neoklassizistischen Stil des beginnenden 19. Jahrhunderts. Sie stehen im Sommer zur Besichtigung offen.

Die Saint-Paul-Straße führt dann zurück ins alte Viertel. Ihr Name ehrt den Stadtgründer, der als Haupt einer religiösen Vereinigung „Ville-Marie" gründete. Diese Straße soll der erste Pfad im Lande gewesen sein, den Weiße anlegten.

Am Knotenpunkt mit der Rue Bonsecours liegt die trutzige Kapelle *Notre-Dame-de-Bonsecours* die von 1657 bis 59 erbaut wurde. Allerdings hat auch sie eine Erneuerung nach dem Brand von 1745 über sich ergehen lassen müssen. Ihren Spitznamen „Sailors' Chapel" bekam sie, weil die ersten Seefahrer den Brauch begründeten, nach überlebter Seereise hier einen Dankgottesdienst zu besuchen. Vom Turmdach-Rundgang aus hat man eine gute Sicht auf Altstadt und Hafen; das kleine Museum, benannt nach der Erbauerin der Kapelle, Marguerite Bourgeoys, dokumentiert die wechselvolle Geschichte des Bauwerkes. Gegenüber in der Rue Bonsecours sieht man eine Reihe historischer Bürgerhäuser aus verschiedenen Zeiten. Der *Bonsecour Market,* auf Veranlassung der neuen Stadtverwaltung nach der Stadterhebung von 1831 in Auftrag gegeben, hat aufregende Zeiten hinter sich, war ab 1852 Rathaus, und als Montréal kurz Bundeshauptstadt des Vereinigten Kanadas war, 1841 bis 1849, tagte hier das Parlament.

Nachdem Québec Sitz des Bundesparlamentes geworden war, diente es fortan als Markthalle.

Die Parallelstraße *Saint-Amable* war im letzten Jahrhundert die „Fleet Street" Kanadas. Nicht weniger als sechs Zeitungsverlage arbeiteten hier nebeneinander, Rechtsanwälte, Journalisten und Autoren waren hier zu Hause.

Nachdem man erneut den Place-Jacques-Cartier überquert hat, gelangt man am Place d'Youville Nr. 335 zum *Centre d'histoire de Montréal,* untergebracht in der ehemaligen Feuerwache. Es präsentiert anschaulich die geschichtliche Entwicklung der Stadt, die gleich nebenan, am Pointe-à-Challières als Ville-Marie ihren Anfang nahm. Hier standen die ersten Blockhäuser, das Ufer des Flusses gab den ersten Hafen ab.

Zurück in der Rue Saint-Sulpice, die an den ersten Kirchenorden erinnert, dem einst als königliche Schenkung die Altstadtareale gehörten, kommt man wieder zum *Cours le Royer,* einem alten Warenhaus aus dem Jahr 1862, das genau auf den Ruinen des ersten Hospitals erbaut wurde. Dann passiert man auf der Rue Saint-Sulpice in nördlicher Richtung historisches Gebiet. Die Bürgerhäuser rechts und links der Straßen haben die Entwicklung der Stadt zur kosmopolitischen Metropole miterlebt. Die mächtige *Basilika Notre-Dame,* erbaut 1824-1829, beherrscht am *Place d'Armes* die Altstadt. Die Bischofskirche von Montréal ist Ausdruck großartiger Architektur und künstlerischer Gestaltung. Im Sommer warten Führer am Eingang und erläutern den Besuchern die Sehenswürdigkeiten der Hauptkirche der Stadt, einschließlich der *Sacré-Cœur-Kapelle* und des kleinen *Kirchenmuseums.* Der Anbau nach Westen ist das *Seminar St. Sulpice* von 1685, das älteste erhaltene Steingebäude. Es dient noch immer als Residenz des Ordens, nur die hölzerne Turmuhr aus dem Glockentürmchen ist im Museum einquartiert worden. Dort überdauert das Werk von ca. 1700 besser die Zeiten.

Nördlich davon ragen Profanbauten auf, fängt die *Goldene Meile* an. Hier war einst Kanadas Bankenviertel.

Das *Prévoyance Building* aus den Jahren 1929/30 mit seiner Treppenfassade und der reich ornamentierten Lobby im Art déco-Stil ist das erste Bankgebäude, auf das man trifft. Daran schließt sich an der Ecke zur Saint-Jacques-Straße das Gebäude der *New York Life an,* ein rotes Sandsteingemäuer aus dem Jahr 1888 und Montréals erster „Wolkenkratzer". Am eindrucksvollsten ist das im „Panthéon"-Stil errichtete Haus der ältesten und heute bedeutendsten Bank Kanadas, der *Bank of Montréal* aus den Jahren 1845/48. Die Lobby mit dem Aussehen einer römischen Basilika ist für ihr Dekor berühmt. Wer sie besichtigt, kann gleich weitergehen und sich Kanadas schönste Münzsammlung ansehen, der Eintritt ist frei, die Sammlung ist aber nur während der Bankzeiten zugänglich.

Um so gravierender ist der Kontrast zum *Palais des Congrés,* einem futuristisch anmutenden Glaspalast, der auf Betonsäulen über dem Ville-Marie-Expressway steht. Das Haus ist das Zentrum modernster kanadischer data- und telematic-Produkte.

Am Boulevard Saint-Laurent und in den Seitengassen, liegt das malerische Viertel der alten *Chinesenstadt.* Wie in allen kanadischen Städten entstand es während der Zeit des Bahnbaus Ende der 60er Jahre des 19. Jahrhunderts, als man die „Kulis" zum Lohndumping der weißen Arbeiterschaft importierte und mißbrauchte. Das heute renovierte Altstadtviertel lädt ganz besonders zum Bummel entlang pittoresker Läden ein, begleitet von exotischen Düften. Anschließend ist entgültig Schluß mit der Vergangenheit. Die Rue Ste.-Catherine ist *die* Einkaufsstraße der Stadt. Am neuen *Place Ville-Marie* sitzt man im Zentrum der City und ihrer Hochbauten.

Die Basilika Notre Dame / Montréal beeindruckt durch ihre mächtige Architektur

Der *Place des Arts,* gegenüber dem Complexe Desjardins, ist das Zentrum des Kunstlebens von Montréal. Drei große moderne Kunstgebäude mit der *Oper,* dem *Grand Ballet Canadien* und dem *Symphonieorchester* sind Wirkungs- und Darstellungsstätte internationaler Künstler. Am Ende des Spazierganges durch Alt-Montréal erreicht man die U-Bahnstation „Place-des-Arts" Linie 7 (grün).

Mit ihr kann man bei schlechtem Wetter zur Erkundung der *Katakomben von Montréal* aufbrechen. Die Stadt verband seinerzeit mit dem Bau der Métro die Einrichtung eines unterirdischen Einkaufszentrums. Sie wurde von den Städtern so begeistert aufgenommen, daß heute ein vollständig unterirdisches Stadtdasein möglich ist, immer verknüpft mit den U-Bahnstationen im Viereck: „Place-des Arts", „Palais des Congrès", „Windsor Station" und „Les Cours Mont Royal".

Selbst der Hauptbahnhof der VIA Rail ist in das unterirdische Netz miteinbezogen. Oberirdisch weist nur ein Schild, leicht zu übersehen, auf den Eingang hin, am Place Ville-Marie und dem Gebäude des Hôtel „La Reine Elisabeth", Nr. 900 am Boulevard René-Lévesque Ouest. Eine rund 13 km lange Fußgängerzone verläuft unterirdisch, mehr als 1000 Läden, 130 Restaurants, 25 Bankfilialen und 25 Kinos oder Theater sind ihr angeschlossen. Die Hallen der Métro sind zugleich Stätten moderner Kunstgestaltung. Jede Station wurde von einem anderen Architekten komponiert, viele von Künstlern mit Wandbildern und Schöpfungen der darstellenden Kunst geschmückt. Die Stadt im Untergrund wird täglich von rund 200 000 Menschen durcheilt, die eine Fahrt mit der Métro mit einem Einkaufsbummel verbinden oder umgekehrt ihren Einkauf per Métro erledigen.

Le Mont oder — je nach Sprachzugehörigkeit — *The Mountain* überragt als Parkanlage gestaltet die City, und von hier oben bietet sich ein herrlicher Rundblick über Tal und Fluß, ein Ausblick wie ihn schon Jacques Cartier vor 450 Jahren derart begeisterte, daß er den Berg spontan den „Königlichen" — Mont Royal- nannte. Von der Aussichtsplattform unterhalb des großen Kreuzes sieht man heute mehr von der 51 km langen Insel, als es Cartier damals möglich war. Bis an den Fuß des alten Vulkanrestes reichen heute die von oben recht niedlich wirkenden Wolkenkratzer heran. Ein eindrucksvolles Bild bietet sich in der Abenddämmerung, wenn die Lichter aufleuchten und die Stadtsilhouette gerade noch wahrzunehmen ist. Auf der Rückseite breiten sich die Parkanlagen am Lake Castor aus, und dann schließen sich die endlosen Grabfelder der Großstadt an, die heute allerdings längst nicht mehr alle verstorbenen Montréaler aufzunehmen vermögen. Von der Weltausstellung ist auf der Insel Ste.-Hélène mit *Terre-des-Hommes* ein sehenswerter Rest geblieben, und auf der anderen Seite des hoch darüber wegziehenden Highways der PQ-Route Nr. 116 liegt *La Ronde,* ein ausgedehnter Vergnügungspark, eine Mischung aus Disneyland und Prater. Erreichbar ist beides mit der Métro-Linie 4 (gelb), Haltestelle „La Ronde". Das ausgedehnte Nachtleben auf der „sündigsten Meile der Welt" spielt sich nach Einbruch der Dunkelheit oberirdisch ab, entlang der Prunkstraße Ste.-Cathérine. Hier treffen sich die „Nighthawks" allnächtlich bis zum Morgengrauen in Bars und Diskotheken, Pubs und Varietés.

Die Ile Perrot oder *Terrebonne* erreicht man auf der PQ-Route Nr. 20. Sie liegt im Lac St. Louis, und im *Parc de la Pointe-du-Moullin* wird das mittelalterliche Leben in einer Mühle gezeigt; eine zweite Mühle ist im Norden, an der PQ-Route Nr. 25, auf der Ile-des-Moulins zu besichtigen.

Montréal / **Praktische Informationen**

Autovermietung: Avis, 1225, rue Metcalfe, Tel. (5 14) 8 66-79 06. Budget, Hauptbahnhof, 895, rue de la Gauchetière Ouest, Tel. (5 14) 8 66-76 75. Hertz, 1475, rue Aylmer, Tel. (5 14) 8 42-85 37.

Bahnhof: VIA Rail Station, 895, rue de la Gauchetière Ouest, Montréal, PQ H3B 2N1, Tel. (5 14) 8 71-13 31. Der Bahnhof liegt im Stadtzentrum, Place Bonaventure, und hat dort Anschluß ans städtische U-Bahnnetz. die Besonderheit der Station: von hier aus und bis hierher fahren Züge der Amtrak aus den USA.

Busterminal: Der Überland-Busterminal liegt ebenfalls in der Altstadt: Voyageur Terminus, 505, boulevard de Maisonneuve Est, Montréal, PQ H3A 3E5, Tel. (5 14) 8 42-22 81. Auch er hat direkt im Terminal Zugang zum U-Bahnnetz.

Das öffentliche Nahverkehrsnetz betreibt die Société de transport de la Communauté urbaine de Montréal. Der Einzel- und Einheitsfahrpreis von 1 Can$ ermäßigt sich durch den Kauf eines „sixpacks" auf 5,50 Can$ für 6 Fahrten.

Da die unabhängigen Nachbarstädte eigene Nahverkehrssysteme betreiben, gilt dort das Ticket aus Montréal nicht. Ein Anschluß ist auch nicht geplant, ausgenommen am U-Bahn-Endpunkt südlich des Flusses in Longueuil. Von dort gelangt man mit dem Bus der Société de transport de la Rive-Sud de Montréal durch die Vororte jenseits des St. Lawrence Rivers.

Übersichtskarten zum U-Bahn- und Busnetz erhält man kostenlos an den U-Bahn-Schaltern.

Einkaufen: Die Hauptgeschäftsstraßen von Montréal sind die Rue Sainte-Catherine und ihre Nachbarstraßen Sherbrooke und Crescent. Boutiquen für jeden Geschmack (exklusiv!) findet man in der erwähnten unterirdischen Ville souterraine. Kunsthandwerkliche Produkte (Québec, Inuit, Indianer) findet man bei der Guilde Canadienne des Métiers d'Art Québec, 2025, rue Peel, Tel. (5 14) 8 49-60 91. In östlicher Richtung, auf dem Boulevard Saint-Laurent gelangt man mitten ins Quartier Latin, in die Rue Saint-Denis. Hier wie auch in nördlicher Richtung, in der Rue Laurier, gibt es eine ganze Reihe von Boutiquen, die hauptsächlich ausgefallene und exklusive Kleidung verkaufen.

Die meisten größeren Geschäfte sind von 10 bis 18 Uhr geöffnet, viele Boutiquen öffnen jedoch schon um 9.30 Uhr, donnerstags und freitags schließen die Geschäfte erst um 21 Uhr und samstags um 17 Uhr.

Märkte: Faubourg Sainte-Catherine, 1616, rue Sainte-Catherine Ouest; Obst, Gemüse, Fleisch, Restaurants, Boutiquen und Kino. Öffnungszeiten: Restaurants: Montag bis Sonntag von 11 bis 21 Uhr. Geschäfte und andere: Montag bis Sonntag von 7 bzw. 10 bis 21 Uhr.

Marché Atwater (1933 erbaut), 138, avenue Atwater; Obst- und Gemüsemarkt, Geschäfte, die Käse, Fleisch, Fisch etc. verkaufen. An Freitagen und Samstagen besonders belebt. Öffnungszeiten: Montag bis Mittwoch von 7 bis 18 Uhr, Donnerstag und Freitag von 7 bis 21 Uhr, Samstag und Sonntag von 7 bis 17 Uhr.

Marché Jean-Talon, 7075, avenue Casgrain; 120 Gemüsehändler, multikulturelle Atmosphäre. Umgeben von Metzgereien, Käse-, Fischläden etc. Öffnungszeiten: siehe Marché Atwater.

Marché Maisonneuve (1914 erbaut, nur im Sommer), 4375, rue Ontario Est; historisches Gebäude, Obst und Gemüse aus Québec, hübscher Brunnen aus dem Jahr 1915, der eine Marktfrau mit ihren drei Kindern

darstellt. Öffnungszeiten (von Mai bis Oktober): siehe Marché Atwater.
Marché Saint-Jacques (1931 erbaut, Mai bis Oktober Gemüse, Oktober bis April nur Pflanzen), Ecke rue Amherst/rue Ontario; Obst- und Gemüsemarkt (Sommer), Blumen und Pflanzen. Öffnungszeiten: siehe Marché Atwater.
Essen und Trinken: In Montréal gibt es ein reichhaltiges kulinarische Angebot (über 3500 Restaurants), besonders die französische Küche ist sehr stark vertreten. Eine geeignete Auswahl trifft man am besten über den Führer „Le Shopping, les Restaurants, la Nuit", den man über das Office des Congrès et du Tourime du Grand Montréal (→Informationen) erhält.
Flughäfen: Der Montréal International Airport Mirabel (Anflughafen für alle Überseeflüge) liegt weit außerhalb auf dem Festland im Städtchen Mirabel und ist über den 50 km langen Highway per PQ-Route 15 mit der Altstadt verbunden. Man kann ihn nicht über das öffentliche Nahverkehrssystem erreichen, Buszubringerdienst ab Busterminal für Überlandbusse, 9 Can$.

Für die Olympischen Spiele 1976 erbaut — das Olympiastadion in Montréal

International Airport/Dorval (Linien aus den USA), 22 km von der Altstadt entfernt, an öffentliches Busnetz angeschlossen, 1 Can$.

Geldwechsel: Banque d'Amérique du Canada, 1230, rue Peel. Compagnie de Fiducie Guardian, 618, rue Saint-Jacques. National Commercial — Devises étrangères, 1250, rue Peel.

Information: Office des Congrès et du Tourisme du Grand Montréal, 1555, rue Peel, bureau 600, Montréal, Québec H3A 1X6, Tel. 1-8 00-3 63-77 77 (täglich von 9 bis 17 Uhr).

Infotouriste, 1001, rue du Square-Dorchester. Zweigstellen: Vieux-Montréal, Place Jacques-Cartier, 174, rue Notre-Dame Est; Aéroport International de Montréal.

Post: Station A (postlagernde Briefe): 1025, rue Saint-Jacques; Station B: 1250, rue University; Station C: 1250, rue Sainte-Catherine Est.

Sport: Es würde hier den Rahmen sprengen, alle Sport- und Freizeitmöglichkeiten aufzuzählen, die Montréal zu bieten hat. Das Angebot reicht vom Freizeitpark, Zoo, Wildpark über Schwimmen, Golf, Angeln bis hin zu Wintersportmöglichkeiten. Nähere Informationen erhält man bei: Le service des sports et loisirs de la ville de Montréal, Tel. (5 14) 8 72-62 11; Regroupement des organismes de Loisirs du Québec, Tel. (5 14) 2 52-30 00.

Unterkunft

Bed & Breakfast: „B & B Chez Antonio", 101, avenue Northview, Montréal H4X 1C9, Tel. (5 14) 4 86-69 10; EZ/DZ 28-38/35-48 Can$.

„Chambre et Petit Déjeuner Bienvenue", 3950, avenue Laval, Montréal H2W 2J2, Tel. (5 14) 8 44-58 97; EZ/DZ 40/45 Can$.

„Maison touristique Marbel", 3507, boulevard Décarie, Montréal H4A 3J4, Tel. (5 14) 4 86-02 32.

Campingplätze: Montérégie (Rive Sud et sud-ouest de Montréal): „Camping Camp Alouette", 3441, de l'Industrie, Beloeil, Tel. (5 14) 4 64-16 61; 140 Plätze, 17 Can$. „Camping Pointe-des-Cascades", 2 chemin du Canal, Pointe-des-Cascades, Tel. (5-14) 4 55-25 01; 54 Plätze 15 Can$.

Basses-Laurentides: „Camping Paul Sauvé", Route 344, Oka, Tel. (5 14) 4 79-83 37; 298 Plätze, 16,25 Can$. „Camping Parc Mont Laval", 675, boulevard St-Martin Ouest, Sainte-Dorothée, Tel. (5 14) 6 89-11 50; 160 Plätze, 20 Can$.

Hotels: Zentrum: „Château de L'Argoat", 819, rue Sherbrooke Est, H2L 1K1, Tel. (5 14) 8 42-20 46. 29 Zimmer, EZ/DZ 45-80/50-90 Can$, guter Komfort.
„Hôtel Saint-Denis", 1254, rue Saint-Denis, H2X 3J6, Tel. (5 14) 8 49-45 26; 60 Zimmer, EZ/DZ 40-75 Can$, durchschnittlicher Komfort.
„Manoir des Alpes", 1245, rue Saint-André, H2L 3T1, Tel. (5 14) 8 45-98 03; 30 Zimmer, EZ/DZ 45-70/50-70 Can$, durchschnittlicher Komfort.
„Hôtel le Bristol", 1099, rue Saint-Denis, H2X 3J3, Tel. (5 14) 8 43-30 96; 23 Zimmer, EZ/DZ 30-120/35-125 Can$, einfach.
„Hôtel Idéal le Sherbrooke", 1255, rue Sherbrooke Est, H1B 1C8; 71 Zimmer, EZ/DZ 100-125 Can$, neues Hotel.
Weitere Hotels und Motels gibt es östlich und westlich der Ile de Montréal sowie am Aéroport international de Montréal. Informationen und Listen bei der Touristeninformation.

Jugendherbergen/Wohnheime
„Auberge Internationale de Montréal", 3541, rue Aylmer, Montréal, PQW H2X 2B9, Tel. (5 14) 8 43-33 17, 9,50 Can$. Nichtmitglieder 12,50 Can$. Das Haus liegt ziemlich weit im Norden der Altstadt, im Eck der McGill Universität und des Molson Stadions, und ist daher nur mit dem Nahverkehrsbus zu erreichen. Die nächstgelegene U-Bahn-Station ist „McGill" an der Linie 7 (grün), sie ist noch fast 1 km entfernt.
„Montréal YWCA", 1355, boulevard Dorchester Ouest, Montréal, PQ H3G 1T3, Tel. (5 14) 8 66-99 41, nur für weibliche Gäste. Das Haus liegt nur zwei Blocks vom VIA Rail-Bahnhof und der U-Bahn-Station „Place Bonaventure" entfernt.
„YMCA de Montréal", 1450, rue Stanley, Montréal, PQ H3A 2W6, Tel. (5 14) 49-83 93. Es liegt nur einen Block westlich der U-Bahnstation „Peel", Linie 7 (grün), und nimmt jedermann /-frau auf.

Moskitos

Von Mitte Juni bis zum ersten Nachtfrost etwa Anfang August können einem die Mücken in der Wildnis Kanadas ganz schön zusetzen.
Zunächst tröste man sich damit, daß sie die Grundlage für den Wildreichtum sind. Zum anderen sei versichert, daß man in Ortschaften nicht viel

davon merkt. Es gibt eine Reihe von einfachen Faustregeln, die das Problem in der Wildnis beherrschbar machen.

Mücken sind nur dort zudringlich, wo es feucht, windstill und schwül ist. Auf windigen Höhen, offenem Wasser und trockenem Untergrund hat man wenig vor ihnen zu befürchten.

Die richtige Kleidung ist ein ausschlaggebender Faktor für das Wohlbefinden an mückenreichen Abenden. Wer mit engen Jeans auf die Reise geht, hat es nicht besser verdient. Die Mücken stechen mit ihren ausreichend langen und stabilen Rüsseln durch jeden auf der Haut anliegenden Stoff hindurch. Man kleidet sich also im Busch mit möglichst weiten und flatternden Kleidungsstücken, die aber am Hals, am Hand- und Fußgelenken dicht abschließen sollten. Auch den Damen sei zu weiten Hosen statt flatternder Röcke und Hot pants geraten. Die Hosenbeine müssen in die Stiefel passen oder dicht am Schuh anliegen.

Wer abends in Ruhe angeln möchte, sollte sich Plastikhaushalthandschuhe überstreifen und einen Hut mit Moskitonetz aufsetzen. Das Netz sollte man unter dem Kragen zusammenziehen können. Es erübrigt sich, von zu Hause Mückensprays oder derartiges mitzubringen. In Kanada gibt es bessere Mittel. Die dort überall in Läden vorrätigen Repellents, z. B. Muskol, sind hochwirksam und helfen zuverlässig. Da aber nicht jeder Teint robust genug ist, sollte man sparsam davon Gebrauch machen. Für den Notfall sollte man sie dennoch dabeihaben.

New Brunswick

Die Provinz New Brunswick (NB), auf gut deutsch Neubraunschweig, ist der nördlichste der ehemaligen Neuenglandstaaten entlang der Atlantikküste. Auf ihrer Fläche von 73 437 qkm leben 715 000 Menschen, die Hauptstadt ist Fredericton (44 800 Einwohner). Mit seinem Nachtbarstaat Maine in den USA ist diese Provinz Kanadas sowohl landschaftlich als auch historisch untrennbar verbunden. Die von den USA nach Norden führenden Höhenzüge der Appalachen reichen bis weit in den Osten New Brunswicks und umschließen dort das zum Gulf of St. Lawrence abfallende Tafelland. Im Norden trennt die ebenso künstlich gezogene Grenze das Notre Dame Gebirge von New Brunswick ab. Die in der Gaspésie auslaufenden Höhen der Appalachen gehören dort zur Provinz Québec.

Obwohl die höchste Erhebung der Appalachen mit dem Mount Carleton in NB nur 820 m ü.d.M. erreicht, es sich also nur um ein Mittelgebirge handelt, ist es nicht gut zu überwinden. Von den USA her führen lediglich zwei nenneswerte Überlandstraßen nach NB und es gibt nicht mehr als ein Dutzend Grenzübergänge zum kanadischen Nachbarn.

Drei Regionen bestimmen das geographische Bild der Provinz. Die Southern Uplands im Süden an der Bay of Fundy mit der größten Stadt des Landes, Saint John; im Norden die daran anschließenden Central Upplands, vom mächtigen Saint John River durchflossen und außerhalb seines Talzuges eine fast gänzlich unbesiedelte, fast kaum von Verkehrswegen erschlossene Berg- und Waldwildnis im Landesinnern; im Südosten und an Nova Scotia angrenzend die fruchtbaren Lowlands, das Landwirtschaftsgebiet von NB. 85 % der Fläche des Staates sind wildreiche Urwälder im Mittelgebirge, nur 7 % dienen der Landwirtschaft.

Herbe Strandidylle bei Shediac / New Brunswick

New Brunswick / **Geschichte**

Natürlich begann die kulturgeschichtliche Entwicklung der Provinz auch hier mit der Einwanderung der Indianer. Hier tut sich ein weiteres Bindeglied zu den übrigen Maritimes auf, denn auch das spätere New Brunswick war, als die ersten Europäer eintrafen, von den Micmac aus der Sprachfamilie der Algonkin besiedelt.

Es waren zunächst Franzosen, die ins Land kamen. Jacques Cartier hatte 1534 die Küste erkundet. Ab 1604, mit der ersten Reise Champlains, setzte die französische Besiedlung ein. Er erforschte eingehend die Bay of Fundy, benannte Flüsse und Buchten, darunter auch den Saint John River, wie damals vielfach üblich, anhand des Heiligenkalenders und des gerade zutreffenden Tagesheiligen: In der Folgezeit entstanden entlang der Küsten der Bay of Fundy mehrere französische Niederlassungen, auch in dem Bereich, der heute zu den USA und Maine gehört. Sie alle unterstanden der Zentralgewalt Akadiens in Port Royal, heute Nova Scotia. 1627 übertrug der König von Frankreich das Land an der Mündung des Saint John River dem Sieur Charles de la Tour, der hier einen Handelsposten errichtete. Die zunächst gutnachbarlichen Beziehungen zur südlichen englischen Gründung Boston hielten nicht lange. Im Zuge der hundertjährigen kriegerischen Auseinandersetzung mit England unterlag Frankreich und mußte im Frieden von Paris 1763 die gesamte Region Akadien an England abtreten. Der einsetzenden Verfolgung und Vertreibung suchten sich die Akadier durch Rückzug ins Landesinnere zu entziehen. So begann die Erschließung des weiten Tales des Saint John River, was den Akadiern nur aufgrund ihrer traditionell guten Beziehungen zu den Micmac gelang. Die englische Besiedlung der Region unterblieb zunächst. Das änderte sich erst im Zuge der Loyalistenverfolgung in den sich von England lösenden USA. Die britischen Truppen hatten die unzugängliche Bergwaldwildnis halten können. Es bildete sich die heutige Grenze zu den USA zwischen Maine und New Brunswick heraus, und Tausende von vertriebenen Royalisten fanden hier Zuflucht. Schon 1784 trennte die britische Krone den heutigen Staat New Brunswick als eigenständige Kolonie aus Akadien heraus. Sie wurde nach dem Herrscherhaus benannt, das damals in England regierte, den Braunschweigern. Um 1840 brach in Irland eine mehrjährige Hungersnot aus, weil es durch mehrere Mißernten keine Kartoffeln gab. New Brunswick wurde zum bevorzugten Zufluchtsland der Hungernden. Über 150 000 Iren sollen damals in wenigen Jahren in die Provinz eingewandert sein. Heute ist New Brunswick, das 1867 einer der vier Gründerstaaten von Kanada war, der einzige echt zweisprachige Bundesstaat. Alles wird auf Englisch und Französisch, ausgeschildert oder geschrieben — nur historische Bezeichnungen ließ man unübersetzt. Der Staatsname lautet denn auch richtig: New/Nouveau Brunswick, und alle Staatsbediensteten müssen beide Sprachen beherrschen, denn schließlich hat jeder Bürger das Recht, je nach Sprachzugehörigkeit entsprechend bedient zu werden.

New Brunswick / **Wirtschaft**

Da 85 % der Landfläche Gebirgswaldwildnis sind und die Böden für die landwirtschaftliche Nutzung nicht geeignet sind, liegt der wirtschaftliche Schwerpunkt naturgemäß auf der Holzgewinnung und -verarbeitung. Der zweitwichtigste Wirtschaftsfaktor ist der Tourismus. Neben ihm spielt auch der Fischfang eine Rolle. Denn die Küstenlinie der Provinz ist weit länger als ihre Festlandgrenzen, weshalb man sie zu den „Maritimes", den Seeprovinzen Kanadas zählt.

Der Ackerbau hat seine Bedeutung im Tal des mächtigen Saint John River, der gerne mit dem Rhein verglichen wird. Er wird von Quellflüssen aus den Nachbarstaaten Maine und Québec gebildet und durchfließt die gesamte Provinz von Norden nach Süden, ehe er in die Bay of Fundy mündet.

Eine ausgedehnte Viehzuchtregion sind die Lowlands um Sussex zwischen Saint John und Moncton.

An dieser von der Natur geförderten Schwerpunktbildung orientiert sich auch die Bevölkerungsverteilung: das Flußtal, die Lowlands und die Küstenstriche sind die Hauptsiedlungszentren, in der Bergwaldwildnis im Landesinnern leben kaum Menschen.

New Brunswick / **Anreise**

New Brunswick kann man aus allen Himmelsrichtungen erreichen, entweder auf Überlandstraßen oder über die bei den mehr seegebundenen Provinzen erläuterten Fährverbindungen.

Das Überland-Bussystem der Greyhound-Linien führt von New York über Boston an der Küste entlang zum Knotenpunkt Saint John. Von Zentralkanada her erreicht man ihn über Montréal — Québec — Edmundston — Fredericton und aus der Gaspésie über Campbelltown — Fredericton — Saint John oder Moncton — Saint John. Über Moncton gelangt man auch von Nova Scotia her ins Land. Moncton ist der Eisenbahnknotenpunkt der Provinz. Express-Personenzüge fahren nur auf der Strecke von Nova Scotia her über Moncton nach Saint John. Die Fortsetzung nach Zentralkanada führt dann durch den US-Bundesstaat Maine und erreicht erst in Sherbrooke/Québec wieder kanadisches Staatsgebiet. Das ist die Trans-Kanada-Strecke, die erst in Vancouver am Pazifik endet.

VIA Rail erschließt ab Moncton mit zwei weiteren Personenzugstrecken die Provinz: einmal bis Edmundston und außerdem über Campbellton und Matapédia nach Montréal.

In Saint John befindet sich der zentrale Flughafen, der aber nur im innerkanadischen Flugnetz Bedeutung hat.

New Brunswick / **Nützliche Adressen**

Tourism New Brunswick, P.O. Box 12345, Fredericton, NB E3B 5C3, Tel. (5 06) 4 53-23 77. Bei diesem Amt erhält man kostenlos die *allgemeinen Informationsschriften* der Provinz.

Department of Natural Resources and Energy, 498 York Street, Fredericton, NB E3B 3P7, Tel. (5 06) 4 53-24 40. Bei diesem Amt erhält man *Informationen über Jagd- und Angelmöglichkeiten* sowie die erforderlichen Lizenzen.

Lower Saint John River Promotion Association, P.O. Box 105, Gagetown, NB E0G 1V0, versendet Informationsmaterial und Karten für selbstorganisierte *Fahrradtouren* durchs Land.

Eastwind Cycle Tours, P.O. Box 1958, Sussex, NB E0E 1P0, Tel. (5 06) 4 33-46 63, bietet die Ausrüstung für selbstorganisierte Fahrradtouren und veranstaltet Rundfahrten, von B & B-Heim zu B & B-Heim am Wege.

Lands Branch, Department of Natural Resources, P.O. Box 6000, Fredericton, NB E3B 5H1, versendet für *Kanuten* kostenlos Informationen über die befahrbaren Flüsse der Provinz.

Die topographischen *Karten* der Provinz kann man am Ort kaufen bei: Department of Natural Resources, Raum 575 im Centernnial Building, Fredericton.

Newfoundland

Kanadas östlichste Provinz Neufundland besteht aus der Insel gleichen Namens und dem Festlandanteil in Labrador. Von einer Gesamtfläche von 405 700 qkm entfallen auf Labrador 234 330 qkm. Insgesamt leben in der Provinz 580 000 Menschen, davon 40 000 in Labrador. Die Hauptstadt Newfoundlands ist St. John's mit 85 000 Einwohnern.

Die Insel liegt wie ein abgesprengter riesiger Felsbrocken als letzter östlichster Ausläufer des kanadischen Schildes im Atlantik, im somit weitgehend abgeschotteten Mündungstrichter des St. Lawrence-Stromes. Das stark gegliederte Felseneiland gleicht mit seinen Gebirgszügen, Steinküsten und zahllosen Fjorden sehr dem norwegischen Küstengebiet. Die Menschen drängen sich entlang der Küsten, während das Inland eine weitgehend menschenleere Bergwildnis und bis in die Gipfelzonen bewaldet ist. Erst dort oben geht die Waldzone in Tundra über. Die Straßen, soweit überhaupt vorhanden, folgen dem Küstensaum; nur eine einzige durchquert das Eiland: der Trans Canada Highway, der schließlich im äußersten Osten der Insel an der Hauptstadt St. John's endet. Die Siedlungen im Süden der Insel und sehr viele andere Küstenorte haben gar keine Straßenanbindung und sind auf den Fähr- und Schiffsverkehr angewiesen. Sehr viel mehr als in Kanadas anderen Küstenprovinzen ist man von Fährverbindungen abhängig. Auf Newfoundland sind für den Reisenden Schiffe wichtiger als Autos und Straßen.

Newfoundland / **Geschichte**

Wie sich aufgrund der wenigen historischen Funde belegen läßt, ist Newfoundland bis vor 9000 Jahren nicht besiedelt gewesen. Dann trafen die ersten Indianer auf ihrer ostwärts gerichteten Wanderbewegung ein; sie waren höchstwahrscheinlich die Vorfahren der Beothuk, eines mittlerweile längst ausgerotteten Indianerstammes.

Sehr viel später folgten ihnen Micmac-Indianer, die über die Maritimes herüberkamen und den Süden der Insel noch heute bewohnen. Im nördlichen Küstensaum Labradors siedelten sich Inuit an, während sich in den Tundren der Höhen Labradors Naskapi Indianer niederließen. Um das Jahr 1000 n. Chr. tauchten erstmals Weiße in den Gewässern um Newfoundland auf. Auf L'Anse aux Meadows im äußersten Nordzipfel der Insel ist eine kleine Wikingersiedlung ausgegraben worden. Andere Funde belegen, daß es regelmäßige Besuche von Wikingern aus Grönland gegeben hat. Sie holten sich hier in ihrem „Vinland" das auf Grönland fehlende Holz und haben hier wahrscheinlich auch gejagt und gefischt. Die flachen Gewässer rund um die Insel, berühmt als die Neufundlandbänke, waren die wohl reichsten Fischgründe der Welt. Vermutlich auf den Spuren der Wikinger setzte schon lange vor Kolumbus ein reger Zustrom von Fischern aus Europa ein. Als dann John Cabot im Jahre 1497 Newfoundland im amtlichen Auftrag der englischen Krone offiziell „entdeckte", war diese schon seit rund 500 Jahren Anlaufpunkt europäischer Fangflotten gewesen. Fortan betonte England seine „Entdeckung" und forderte die Insel für sich, obgleich zunächst die Besiedlung unterblieb. Die englischen Auswanderer siedelten sich lieber weiter südlich, in den späteren USA an.

Dafür kamen französische Fischer, die zwangsläufig in die kriegerische Auseinandersetzung der beiden Großmächte um die Vorherrschaft in Nordamerika hineingerieten. So wurde auch hier der Gegensatz mit Pulver und Blei ausgetragen, bis Newfoundland 1713 durch einen Vertrag an England ging. Dennoch setzte erst danach die französische Besiedlung richtig ein: im Zuge der Kämpfe im Süden flüchteten viele Akadier von Nova Scotia und New Brunswick nach Norden. Weite Küstenbereiche weisen noch heute eine frankokanadische Bevölkerung auf. Mit der endgültigen Niederlage Frankreichs, der Eroberung St. John's durch die Engländer im Jahr 1762 und dem nachfolgenden Frieden von 1763 kamen dann auch sie unter englische Kolonialherrschaft.

Anfang des 18. Jahrhunderts strömten auch hier britische, vorwiegend irische Einwanderer ein. Die englische Krone etablierte eine eigene Kolonie mit zum Teil selbständiger Kolonialverwaltung, die dann 1855 der Verantwortung gegenüber einem Inselparlament unterstellt wurde. Als dann 1867 der Bundesstaat Kanada gegründet wurde, lehnte das Parlament Newfoundlands den Beitritt ab. Das wiederholte sich mehrmals, bis

die Volksabstimmung im Jahr 1949 die Eingliederung in den kanadischen Bundesstaat herbeiführte.
Der Teil der Halbinsel Labrador, der heute zu Newfoundland gehört, gelangte eher durch Zufall zum Gebiet der Provinz. Aus anderer Himmelsrichtung damals unzugänglich, nur von der Kolonie Newfoundland aus erreichbar, übertrug das Mutterland 1809 per Anordnung der Kolonialverwaltung auch die Aufsicht über die gegenüberliegende Festlandsregion. Mit der Erschließung der Provinz Québec dehnte sich dieser Bundesstaat Kanadas allmählich nach Labrador hinein aus, während Newfoundland bis 1949 eine von Kanada unabhängige englische Kolonie blieb. Kein Wunder, daß auf diesen historischen Umwegen Labrador schließlich zum bis heute umstrittenen Zankapfel zwischen beiden Ansprüchen wurde. Eine durch Schiedsspruch im Jahr 1927 vorgenommene Grenzziehung — sie folgte der Wasserscheide zwischen den Flüssen zur Hudson Bay und den Atlantikzuflüssen — erkennt Québec nicht an. Auch der Beitritt Newfoundlands zum kanadischen Bund hat daran nichts geändert. Das geht so weit, daß man nur in Newfoundland von Labrador spricht. Für den Québecois handelt es sich hier um Nouveau Québec. Der Tourist muß bei Anfragen bezüglich „Labradors" an die Provinz Québec damit rechnen, daß sie kommentarlos an Newfoundland verweist, gleichgültig, ob es sich um den Teil handelt, der zu Québec gehört oder nicht!

Newfoundland / **Wirtschaft**

Existenz und Einkommen verdankt die Provinz dem für unerschöpflich gehaltenen Fischreichtum der Neufundlandbänke. Fischfang und -verarbeitung sicherten vermeintlich auf ewige Zeiten ein sicheres Einkommen. Umso ungläubiger reagierten die „Newfies", als zum Ende der 80er Jahre plötzlich die Fischfabriken eine nach der anderen endgültig ihre Pforten schlossen: es gab keinen Fisch mehr auf den Bänken! Das wirkte so unglaubwürdig, daß die Arbeiter der Fischereiindustrie sogar wegen der nicht mehr vorhandenen Fische streikten!
Hemmungsloser Raubfang vieler anderer Staaten, moderne Fabrikschiffe, die mit ihren technisch perfekten Netzverhauen die Fischschwärme absaugten, und die Umweltverschmutzung hatten dazu beigetragen, daß die von den vergifteten Gewässern des St. Lawrence-Stromes umspülte

Insel nicht mehr vom Fischfang leben konnte. Da trifft es sich günstig, daß neuerdings vor Newfoundlands Küsten Erdöl gefunden wurde. Eine wachsende Zahl von Arbeitsplätzen entsteht nun auf dem Sektor der Ölverarbeitung. Daneben ist die Holzverarbeitung eine der wirtschaftlichen Grundlagen des Staates, der außerdem über zahlreiche Vorkommen von Erzen und Bodenschätzen verfügt, deren Ausbeutung aber aus Kostengründen bisher nicht recht in Gang kam.

Newfoundland / **Anreise**

Auf Newfoundland gibt es zwei Flughäfen, die fest in das innerkanadische Flugnetz eingebunden sind und täglich mehrfach angeflogen werden: St. John's Airport und Gander Airport. Beide können auch über einige wenige Ozeanflüge von ganz bestimmten europäischen Flughäfen, z. B. London, erreicht werden.

Wer nach Labrador fliegen möchte, kann nach Goose Bay fliegen, für dessen Airport dasselbe wie oben gilt. Von den drei Großflughäfen Newfoundlands bzw. Labradors aus lassen sich dann alle kleineren Flughäfen im Lande erreichen. Jeder größere Ort der Provinz hat auch einen Landestreifen und wird von den drei genannten Flughäfen aus regelmäßig mindestens zweimal wöchentlich bedient.

Fährverbindungen

Die Hauptverbindung über See besteht von North Sidney NS Channel — Port aux Basques NF. Die kombinierte Personen-/Autofähre verkehrt ganzjährig, Preisbeispiel für die je nach Schiffstyp 5 bis 7stündige Reise: Erwachsener 13,25 Can$, fürs Auto zuzüglich 41 Can$. Die Abfahrtszeiten der beiden täglichen Hin- und Rückfahrten wechseln mehrfach im Jahr, daher vorher informieren. Diese Linie ist Teil des Trans Canada Highways. Man kann daher mit dem Greyhound-Bus anreisen, bis North Sidney mit der Acadian Line fahren, die Fähre benützen, dann mit der Terra Transport Line bis St. John's weiterfahren. Eine zweite Busverbindung besteht von St. John's zum anderen Fährhafen Argentia.

Auch die zweite Fährverbindung, kombinierter Personen-/Autotransport, startet in North Sidney NS. Mit ihr erreicht man direkt die Halbinsel Avalon und ist auf kurzem Weg in der Landeshauptstadt. Dafür dauert die Überfahrt länger. Die Reise dauert 19 Stunden und kostet für Erwachse-

ne 36,25 Can$ für den Pkw. Diese Fähre verkehrt nur im Sommer, vom 13. Juni bis 10. September, und nur jeden zweiten Tag einmal.
Informationen: Marine Atlantic, P.O. Box 250, North Sidney NS B2A 3M3, Tel. (7 09) 7 94-72 03, innerhalb Newfoundlands gebührenfrei unter Tel. 1-8 00-5 63-77 01, von den anderen Maritimes Tel. 1-80 05 65-94 70. Dieses Unternehmen betreibt beide Fährlinien.

Anreise Labrador
Nach Labrador gelangt man mit der Auto-/Personenfähre von Lewisporte, einem Dörfchen 60 km nördlich von Gander, das über den Trans Canada Highway und die NF Route 340 zu erreichen ist. Diese Fähre hält nur einmal in Cartwright, Labrador und endet in Goose Bay, Labrador. Die Reise dauert 32 Stunden und kostet für Erwachsene 61 Can$ sowie 88 Can$ fürs Auto. Die Verbindung wird nur im Sommer, zweimal die Woche in jeder Richtung, bedient. Informationen wie oben bei Marine Atlantic.

Viele Ortschaften auf Newfoundland liegen versprengt und sind auf Fährverbindungen angewiesen

In den beiden Orten in Labrador hat man Anschluß an die Küstenfähre, die alle Dörfer bis hinauf nach Nain bedient. Diese haben keine Straßenanbindung. Diese Fähre kann man auch sofort ab Lewisporte benutzen. Sie startet ebenfalls dort, legt nochmals in St. Anthony im Norden Newfoundlands an und klappert danach die Labradorküste bis Nain ab. Die erstgenannte Linie ist nur die Expressverbindung und kann mit Auto benutzt werden, die zweite nur ohne Pkw. Informationen auch hier über Marine Atlantic. Bleibt noch die letzte Fährverbindungen zu nennen, nur Sommerverkehr, die von Blanc Sablon, Provinz Québec, nach St. Barbe verkehrt. Der Hafen auf Newfoundland hat Straßenanschluß, Blanc Sablon nicht, wenn man von dem 80 km langen Weg zum Nachbarsdorf Red Bay absieht. Daher transportiert diese Fähre auch keine Fahrzeuge. Wer sich dennoch hierfür interessiert, erhält Informationen über Relais Nordic Inc., Blanc Sablon, Dup. Co., PQ G0G 1C0, Tel. (4 18) 4 61-26 56.

Verbindung nach Saint Pierre-et-Miquelon
Es gibt eine weitere Fährverbindung ab Fortune im Süden Newfoundlands zum Hafen von St. Pierre. Diese und ihre Nachbarinsel Miquelon sind die einzigen den Franzosen verbliebenen Teile Kanadas. Sie sind heute ein Departement Frankreichs und zu Wasser nur mit dieser Fähre zu erreichen. Es können keine Fahrzeuge mitgeführt werden.

Newfoundland / **Nützliche Adressen**

Allgemeine Informationen über Newfoundland erteilt das Department of Development and Tourism, Tourism Branch, P.O. Box 2016, St. John's NF A1C 5R8, Tel. (7 09) 5 76-28 30.

Jagdinformationen und Jagdlizenzen erhält man durch das Department of Culture, Recreation and Youth, Wildlife, Division, P.O. Box 4750, Building 810, Pleasantville St. John's, NF A1C 5T7, Tel. (7 09) 5 76-28 15.

Anglerinformationen und -lizenzen erhält man durch die o. a. Behörde, Wildlife Division. Informationen über die beiden *Nationalparks* erteilen Superintendent Gros Morne National Park, P.O. Box 130, Rocky Harbour, NF A0K 4N0, Tel. (7 09) 4 58-20 66 sowie Superintendent Terra Nova National Park, Glovertown, NF A0G 2L0, Tel. (7 09) 5 33-28 01.

Nova Scotia

Wie ein gewaltiger Wellenbrecher liegt die Landmasse von Nova Scotia (55 487 qkm) auf 560 km Länge dem Festland vorgelagert im Atlantik. Sie schützt nicht nur den Nachbarstaat New Brunswick sondern auch das nördlich liegende Prince Edward Island und den Gulf of St. Lawrence, der nur zwei enge Zugangswege für die Schiffe hat: die Cabot Strait zwischen Nova Scotia und Newfoundland sowie die Strait of Belle Isle zwischen Newfoundland und Labrador. Nova Scotia besteht aus zwei unterschiedlichen Formationen. Den Hauptteil nimmt ein niedriger Tafelberg ein, der als Ausläufer der Appalachen über die Landenge von Chignecto mit dem kanadischen Festland verbunden ist. Nur in diesem Isthmus reichen die Hügelhöhen der Bergzüge höher als 300 m.ü.M. hinauf. Dichtbewaldete Hügelketten auf den Höhen, eine buchtenreiche, sehr stark gegliederte Küste und weite fruchtbare Täler sind die Kennzeichen dieses Landesteiles.

Ganz anders der Osten der Provinz, die Insel Cape Breton Island. Ein schmaler Graben, die Strait of Canso, trennt sie vom übrigen Land — und ein durch sie hindurch aufgeschütteter Straßendamm von 1385 m Länge verbindet beide Landesteile. Die Insel ist ein rauhes, karges Gebirgsland, dessen Höhen bis zu 554 m ü.d.M. aufsteigen. Die mit steil aufragenden Felsenküsten dem Meere trotzenden Ufer und Fjorde erinnern sehr an das Hochland von Schottland und die Felsklötze der Hebriden. Und damit liegt man völlig richtig, wie uns die Gelehrten sagen. Lange vor den schottischen Einwanderern brach dieses Felseneiland von Schottland ab und driftete über den Ozean, um sich am heutigen Nova Scotia anzulagern. Somit trägt die Provinz ihren Namen mit doppelter Berechtigung: Nova Scotia = Neuschottland. Die langgestreckte südliche und dem Atlantik zugewandte Küstenregion weist rauhe Granitklippen, Steilküsten und zahlreiche Buchten und Fjorde auf: eine recht unwirtliche Region. Genau in der Mitte, an einem der größten natürlichen Hafenbecken der Welt, liegt die Provinzhauptstadt Halifax mit 115 000 Einwohnern. Auf der entgegengesetzten Nordküste, geschützt an der Bay of Fundy, liegt das Agrargebiet des Staates, wo im Annapolistal sogar Weintrauben reifen. Und jenseits der Landenge von Chignecto, an der North Humberland Straße, liegt das Badeparadies des Nordens. Die flachen Küstengewässer mit weiten Sandstränden erwärmen sich im Sommer so sehr, daß hier auf dem 200 km langen Abschnitt die „Costa del Sol" der Maritimes mit zahlreichen Badeorten entstand.

Nova Scotia / **Geschichte**

Lange vor Ankunft des weißen Mannes war die Provinz Nova Scotia von Micmac Indianern der Algonkin Sprachgruppe besiedelt. Ihre Nachfahren leben noch heute hier. Die ersten Weißen, mit denen sie in Berührung kamen, waren die Wikinger. Wie vereinzelte Funde beweisen, haben sie auch diesen Bereich Nordamerikas mit ihren Langbooten angelaufen, um sich mit Holz einzudecken, dem für das baumlose Grönland wichtigsten Handelsgut.

John Cabot — eigentlich war er Italiener und hieß Giovanni Caboto — dürfte auf seiner Durchreise um 1497 die Küste der Provinz kaum entgangen sein. Seine Schilderungen waren leider so ungenau, daß man heute überall in den Maritimes auf Orte stößt, die alle mit derselben Berechtigung in Anspruch nehmen, daß Cabot dort an Land gegangen sei. Von tieferer Bedeutung war das nur, weil sich auf seinen Landgang der englische Herrschaftsanspruch stützte, mit dem die britische Krone Frankreich das Land streitig machte. Denn die ersten Weißen, die kamen, blieben und hier siedelten, waren die Franzosen. Sie segelten unter der Führung von Sieur de Mont, dem Heinrich von Navarra ausgedehnte Handelsprivilegien erteilt hatte, im Jahre 1605 in jenen Naturhafen, an dem heute der Fährhafen Digby mit seinen 2600 Einwohnern liegt. Sie fuhren im langgestreckten Annapolis Basin nach Osten und in den Mündungstrichter des Annapolis River hinein. Dieser wird von einem Landvorsprung stark eingeengt. Hier gründeten die Neuankömmlinge Port Royal, lange Zeit Hauptort Frankreichs in Akadien, heute ein Dörfchen von 700 Einwohnern namens Annapolis Royal.

Dann ernannte König James I. von England 1621 nicht weniger als 140 seiner getreuen schottischen Gefolgsleute zu Adligen und belehnte sie mit ausgedehnten Ländereien in Akadien. So kam Nova Scotia zu seiner heutigen Bezeichnung: Neuschottland. In der Folgezeit spielte sich auch hier jenes Drama ab, das für die französisch-britische Auseinandersetzung in Nordamerika typisch war. Im Hin und Her der Kämpfe und Kriege obsiegte die viel schneller anwachsende britische Bevölkerung. Bereits 1710 fiel Port Royal an England und wurde Hauptstadt der englischen Kolonie. Im Frieden von Utrecht trat Frankreich 1713 Nova Scotia an England ab. Nur die Insel Cape Breton Island blieb bei Frankreich, das dort die Festung Louisbourg zum mächtigsten Bollwerk in Nordamerika auszubauen begann. Zum Auftakt des Siebenjährigen Krieges kam es 1755 zur brutalen Vertreibung der Akadier aus der englischen Kolonie. In einer wilden und zügellosen Mord- und Plünderungsorgie wurden die entrechteten Menschen französischer Abstammung — und das war deren einziges „Unrecht" — zusammengetrieben, die Überlebenden in Schiffe gepfercht und aus Akadien vertrieben.

1763, im Frieden von Paris, der den Siebenjährigen Krieg beendete, räumte England den Akadiern ein Rückkehrrecht ein. Rund 10 % der heutigen Bevölkerung von Nova Scotia sind daher Frankokanadier.

Einst schnellstes Segelschiff der Welt — die „Bluenose"

Mit der Loslösung der Neuenglandkolonien vom englischen Mutterland taten sich die Amerikaner mit einer zweiten Austreibungsaktion von noch weit größerem Ausmaß hervor. Ab 1776 setzte ein starker Zustrom von Loyalisten, Flüchtlingen und aus den USA vertriebenen Menschen auch nach Nova Scotia ein. Im folgenden Jahrhundert hielt die Einwanderung gerade schottischer Aussiedler unentwegt an, so daß heute 77 % der Bevölkerung britischen Ursprunges sind. Darunter waren so viele Gälisch sprechende Menschen, daß man sich heute rühmt, auf Nova Scotia sprächen mehr Menschen diese Sprache als in Schottland selbst.

Bereits 1758 bekam Nova Scotia als erste englische Kolonie die Selbstverwaltung zugestanden und ist seither von einer parlamentarisch verantwortlichen Regierung verwaltet worden. 1867 gehörte Nova Scotia zu jenen vier Gründerstaaten, die gemeinsam den Bundesstaat Kanada bildeten.

Nova Scotia / **Wirtschaft**

Nova Scotia hatte früher Weltruf als Land der Schiffsbauer — aber das ist vorbei. Es war die Zeit der Segelschiffe, die Nova Scotia berühmt machte. In Lunenburg — der Name weist tatsächlich auf ursprünglich deutsche Besiedlung hin — wird noch heute die alte Tradition gepflegt. Renovierungsbedürftige Veteranen werden auf der Werft erneuert, auf der das weltschnellste Segelschiff entstand, die „Bluenose".

Kleinindustrie vielfältiger Art ist heute das ökonomische Standbein des Landes, in der Statistik dicht gefolgt von den Einnahmen aus der „Tourismusindustrie". Daneben spielen Landwirtschaft und Fischfang sowie die Holzindustrie noch eine Rolle.

Nova Scotia / **Anreise**

Auf dem International Airport von Halifax/Dartmouth (→dort) erreicht man diese Provinz von Europa aus auf direktem Weg. Die einzige Landverbindung existiert über die Landenge von Amherst, wo man bei Nutzung der Überlandbusse von der SMT Line New Brunswicks zur Acadian Line von Nova Scotia überwechselt. Mit dieser Linie gelangt man über Halifax nach Yarmouth oder ab Truro nach North Sidney und/oder (um den Bras d'Or Lake herum) Sidney selbst. Die anderen Strecken entlang der

Südküste sowie im Gebiet von Cape Breton Island bedienen kleine Busunternehmen lokalen Charakters, die nicht mit dem Greyhound Pass benutzt werden können.

Fährverbindungen verkürzen die Anreise, die sonst um die gesamte Bay of Fundy herumführt, wenn man von Boston oder New York heraufkommt. Täglich einmal verkehrt im Sommer die Personen-/Autofähre von Portland im US-Bundesstaat Maine nach Yarmouth, NS. Informationen: Prince of Fundy Cruises, Box 609, Yarmouth NS B5A 4B6, Tel. 1-8 00-5 65-79 00, gebührenfrei innerhalb der Maritimes.

Von Bar Harbour im US-Bundesstaat Maine verkehrt im Sommer täglich eine Fähre für Pkws und Personen nach Yarmouth NS. Und eine weitere Linie verkehrt täglich zweimal im Sommer zwischen Saint John NB und Digby NS, Personen- und Pkw-Transport.

Preisbeispiel zu der Fähre ab Saint John: Erwachsene 14,25 Can$, Pkw 44 Can$.

Die beiden anderen Verbindungen kosten für Erwachsene 25,50 Can$, Pkw 47,25 Can$.

Informationen über die beiden zuletzt angeführten Fähren: Marine Atlantic, Box 250, North Sidney, NS B2A 3M3, Tel. 1-8 00-5 65-94 70, gebührenfrei innerhalb der Maritimes.

Nova Scotia / **Nützliche Adressen**

Allgemeine Informationen erteilt Nova Scotia Tourism, P.O. Box 130, Halifax, NS B3J 2M7, Tel. (9 02) 4 24-50 00. Das Amt versendet kostenlos die gewünschten Informationsschriften über Nova Scotia.

Von folgendem Amt erhält man *Jagdinformationen und -lizenzen:* Department of Land and Forests, 8th Floor, Founders Square, 1701 Hollis Street, Halifax, NS B3J 3M8, Tel. (9 02) 4 24-59 35.

Das Department of Land and Forests, Box 68, Truro, NS B2N 5B8, Tel. (9 02) 4 26-59 52 informiert über *Angelgewässer und -lizenzen.*

Canoe Nova Scotia, 5516 Spring Garden Road, Box 3010, South Halifax, ND B3J 3G6, Tel. (9 02) 4 25-54 50 versendet Informationen über *Kanuwege* in Nova Scotia.

Und im Nova Scotia Government Bookshop, 1700 Granville Street, Halifax kann man vor Ort alle topographischen *Karten* kaufen.

Öffnungszeiten

Die meisten Geschäfte sind montags bis samstags von 9.30 bis 18 Uhr geöffnet, wobei Lebensmittelläden oft längere Öffnungszeiten haben. Die Kaufhäuser und Einkaufszentren der Großstädte sind donnerstags und freitags bis 21 Uhr und oft sogar sonntags geöffnet. Lebensmittelmärkte haben die ganze Woche über geöffnet, beginnen morgens schon um 7 Uhr und schließen um 18 bzw. 17 Uhr (Wochenende), in größeren Städten donnerstags und freitags um 21 Uhr.

Banken sind montags bis freitags von 10 bis 15 Uhr, donnerstags oder freitags bis 18 Uhr geöffnet.

Die Postämter haben montags bis freitags von 8 bis 17 Uhr, manchmal auch samstags den halben oder sogar den ganzen Tag geöffnet.

Post

Die in Kanada staatlich geführte Post versieht ausschließlich den Paket- und Briefdienst.

Geldüberweisungen, Telefon- und Telegrammdienst sind nicht Aufgabe der Post. Dafür gibt es private Organisationen, die gewinnorientiert und entsprechend teuer arbeiten. Luftpostbriefe benötigen vom Absender zum Empfänger etwa 7 Tage, Briefe und Pakete auf normalem Wege sind bis zu vier Wochen unterwegs. Postlagernde Sendungen werden zuverlässig aufbewahrt — aber nur für genau 15 Tage, dann gehen sie an den Absender zurück! Die Bezeichnung für „postlagernd" lautet „Generel Delivery". Post mit dieser Aufschrift und dem Vermerk „Hold for 15 days" kann man sich an jedes Postamt schicken lassen.

In Kanada besteht die Postleitzahl stets aus der Provinzabkürzung *hinter* dem Ortsnamen und der daran anschließenden sechsstelligen Chiffre in der Folge Buchstabe-Zahl-Buchstabe/Zahl-Buchstabe-Zahl. Die erste Dreierkombination besteht aus der Provinzbezeichnung und dem Postleitweg, die zweite Kombination enthält den Schlüssel für das zuständige Postamt und den Zustellbezirk.

Präkambrischer Schild

Kanadas Gebirgsregion nördlich des St. Lawrence-Stromes wird vom ältesten Gebirge der Welt beherrscht, das in der Literatur unter verschiedenen Namen erscheint. Der oben erwähnte leitet sich davon ab, daß dieses Gebirge im Präkambrium, vor etwa 260 Millionen Jahren, aufgefaltet wurde. Weitere Bezeichnungen sind „Kanadischer Schild", „Laurentia" oder „Laurentinisches Gebirge".

Gemeint ist immer die im Osten Kanadas voherrschende Bergwelt, die nach Süden durch den Graben des St. Lawrence-Stromes begrenzt wird. In einem mächtigen Halbkreis umfassen die Gebirgszüge vom St. Lawrence-Strom ausgehend die weite Senke im Norden der Northwest Territories. Diese heute nur noch Mittelgebirgsformat erreichende Steinwildnis ist vollkommen unfruchtbar. Hier gedeiht nur Wald, selbst in den meisten Tälern ist die Erdkrume zu gering, um etwas Besseres zu tragen. Schroff steigt der Präkambrische Schild aus dem Meer bzw. dem Tal des St. Lawrence River auf, im Norden der Provinz Québec, in Labrador und auf Newfoundland ist er eine einzige Berg- und Waldwildnis, in Höhenlagen über 1000 m.ü.M. wechselt er in Tundra über und zeigt vielfach nur kahlen Fels und nacktes Gestein.

Prince Edward Island

Prince Edward Island (5650 qkm, 128 000 Einwohner) ist Kanadas kleinste Provinz (ca. 0,1 % der kanadischen Fläche) dem Festland im Osten vorgelagert. Die Insel liegt im Gulf of St. Lawrence, im Windschatten von Nova Scotia, das sie gegen den Atlantik abschirmt.

Die Form der Insel entspricht einem langgestreckten Halbmond, dessen Bucht nach Norden zeigt. Sie ist 225 km lang, zwischen 6 und 65 km breit und „ragt" an ihrem höchsten Punkt um 152 m ü.d.M. empor.

Den Besucher überrascht die überwiegend rotbraune Färbung der Sanderde und der Sandsteinklippen des Eilandes. Gerade die roten Abbruchkanten der Sandsteinküsten erinnern stark an die Helgolands, ansonsten haben die beiden Inseln jedoch nur wenig Gemeinsames.

Die leichtgewellte Landschaft der Provinz bietet sich dem Blick des Besuchers offen dar. Längst sind alle Wälder, von denen die Entdecker berichteten, abgeholzt worden. Nur Haine und Hecken blieben als Windschutz übrig. Die gesamte Oberfläche des Bundesstaates wird landwirtschaftlich genutzt. Der rotbraune Sandboden, Ergebnis der Verwitterung des Sandsteingebirges, das einst hier aus dem Golf ragte, ist die ideale Grundlage für den Kartoffelanbau, dem 80 % der Fläche dienen. Kartoffeln vom P.E.I. gelten als Produkte erster Klasse, und so findet man die relativ teuren Knollen auf allen guten Märkten Nordamerikas, auch und gerade in den USA! P.E.I. ist das Markenzeichen, denn der bekannten Abkürzungswut der Amerikaner ist natürlich auch das Wortungetüm des Inselnamens zum Opfer gefallen. Die Bezeichnung „Kartoffelinsel" hört man bei den Bewohnern nicht sehr gerne. Lieber nennt man sich „Garten des Golfes", und auf den Kfz-Kennzeichen verkündet der Staatsbürger, daß er aus „Canada's Garden Province" kommt. Die naturbegünstigte Lage des Eilandes hat nicht nur die dichteste Besiedlung Kanadas zur Folge gehabt. Es war einst das politische „Schwergewicht" unter den Gründern des kanadischen Bundes.

Prince Edward Island / **Geschichte**

Die Insel war bei Ankunft der ersten Weißen bereits dicht von Micmac-Indianern besiedelt. Noch heute leben 4000 von ihnen auf der Insel. Auch hier war es Jacques Cartier, der 1534 als erster die Insel besuchte und sie beschrieb.

Er nannte sie „Ile St. Jean", und dabei blieb es zunächst. Erst 1719 begann die europäische Besiedlung. Französische Einwanderer segelten in die Bucht, an der heute die Landeshauptstadt Charlottetown (15 800 Einwohner) liegt. Ihr gegenüber, nahe der Zufahrt zur Hafenlagune, gründeten sie Port La Joye, heute Fort Amherst/Port La Joye National Historic Site. Als Teil Akadiens war auch dieser Landstrich bald umkämpft und wechselte mehrmals zwischen englischer und französischer Oberherrschaft. 1758 besetzten britische Milizen endgültig das Land, die Akadier wurden auch hier rücksichtslos vertrieben. Manche flohen in die damals noch bestehenden Wälder und blieben. Zusammen mit späteren Rückwanderern bildeten sie die Grundlage für die heutige frankokanadische Bevölkerung, die 17 % der Bürger ausmacht.

Prince Edward Island

Die neuen Herren gaben der Insel zunächst einen englischen Namen: St. John's Island. Tiefgreifender war die Umverteilung des Landes durch die britische Krone. Der Landvermesser Samuel Holland vermaß die gesamte Inselfläche, unterteilte sie 1764 in 67 Lots mit exakter geradliniger Begrenzung in Form von Rechtecken zu je 20 000 Morgen. Die faßte er in drei Counties zusammen: Prince, Queen und King County heißen die Grafschaften oder Landkreise noch heute.

In England veranstaltete die Krone in London dann eine einmalige Lotterie. Reiche Landbarone kauften Lose, und dann wurden die Gewinne gezogen — die oben genannten Lots. Damit war das schon von Irland her berüchtigte Ausbeutersytem der Landlords nach P.E.I. exportiert worden, es begann eine über 100 Jahre dauernde Auseinandersetzung zwischen den Farmern, herübergesandten Leibeigenen und den Landeignern in England, die die Gewinne abschöpften. Erst 1853 begann die Landreform, die die Landeigentümer in Europa zum Verkauf ihrer Ländereien zwang. Dieser Prozeß war erst 1873 beim Zusammenschluß mit dem kanadischen Bundesstaat abgeschlossen. Davor war die Insel Teil der Kolonie Nova Scotia gewesen und wurde 1769 zur selbständigen Kolonie erhoben. In den Folgejahren strömten Siedler aus Schottland und aus den USA herbei. Der Kartoffelanbau begann 1771, und schon 1773 wurde die Kolonialverwaltung durch eine Regierung kontrolliert, die ihrerseits von einem Inselparlament abhängig war. Die nunmehr überwiegend protestantische Bevölkerung wollte den katholischen Heiligen aus dem Namen tilgen und so wurde die Insel 1799 förmlich in Prince Edward Island umbenannt. Namenspatron war der gleichnamige englische Prinz.

Von den Politikern der P.E.I. ging dann der Anstoß zur Gründung Kanadas aus. Auf Einladung des Inselparlamentes trafen sich in Charlottetown die „Fathers of Confederation". Die 23 Gründerväter Kanadas nahmen am 1. September 1864 ihre Beratungen auf. Daraus erwuchs mit Genehmigung der englischen Krone am 1. Juli 1867 das Dominion of Canada, der kanadische Bundesstaat, dem P.E.I. jedoch erst 1873 als nun siebtes Mitglied beitrat.

Der Beitritt zum Bundesstaat brachte dann doch nicht den erhofften engen Anschluß ans Festland. Das Bundesparlament lehnte 1905 den Bau eines Eisenbahntunnels ab, und mit dem ersatzweise propagierten Dammbau wurde es auch nichts.

Andererseits tat man sich auf dem Eiland durch manch skurrile Eigenheiten hervor. Bis 1918 bestand ein gesetzliches Autofahrverbot auf der Insel, und die Prohibition wurde schon 1906 eingerichtet. Bis 1948 hielt das Inselparlament eisern am Alkoholverbot fest. Dann wurde es durch die Bestimmung ersetzt, daß Hochprozentiges nur mit staatlichem Bezugsschein erworben werden dürfe. In 15 Staatsläden kann man heute Alkoholika frei kaufen — aber die Einfuhr ist nach wie vor strikt untersagt. Zwar macht sich der Tourist nicht strafbar, aber sollte bei der höchst unwahrscheinlichen Kontrolle bei der Einreise doch eine Büchse Bier im Auto mitgeführt werden, wird sie erbarmungslos beschlagnahmt.

Prince Edward Island / **Wirtschaft**

Um 1870 herum war der Schiffsbau noch ein wesentlicher Wirtschaftsfaktor, die Inselflotte umfaßte 400 Hochseeschiffe. Davon ist nichts mehr geblieben, heute werden nur noch Kleinschiffe gebaut und gewartet. Die

Vermitteln eine freundliche Atmosphäre, die strahlend weißen Häuser von Charlevoix / Provinz Québec

Prince Edward Island

Inselflotte besteht nur noch aus Fischfangbooten, die auf den flachen Bänken um die Insel die Meeresfrüchte abernten. Dorsch und Hering, Thunfisch und Makrele, Lobster und Lachs werden daher überall auf der Insel fangfrisch angeboten.

Sportfischer reisen aus aller Welt an, seit 1979 bei North Lake, einem Fischerhafen an der Nordküste, der Weltrekordfang eines Thunfisches von 680 kg gelang. Das gemäßigte Klima und die endlosen Sandstrände locken alljährlich Bade- und Wassersportgäste besonders aus den USA an. Viele von ihnen kreuzen mit ihren Yachten vor der geschützten Küste auf, und dennoch findet der Liebhaber einsamer Strandzonen neben dem Tourismusrummel der Badeorte noch immer ausgedehnte menschenleere Sandküsten für „seine" Strandburg.

Wichtigste Wirtschaftsgrundlage ist aber nach wie vor die Landwirtschaft mit dem Kartoffelanbau und -export, aber auch Gartenbau und Viehwirtschaft sind beachtlich ausgeprägt.

Prince Edward Island / **Anreise**

P.E.I. erreicht man im innerkanadischen Flugnetz durch Weiterflug von den internationalen Ankunftshäfen. Es gibt einen recht ordentlichen Flughafen in der Nähe der Hauptstadt Charlottetown, der täglich Anschlußflüge von und zu den Hauptstadtflughäfen der anderen Maritimes hat. Charlottetown Airport, Brackley Point Road, Charlottetown P.E.I. C1A 6Y9, Tel. (9 02) 8 92-35 81 (innerhalb Kanadas gebührenfrei 1-8 00-5 65-18 00) liegt ca. 8 km nördlich des Stadtzentrums und ist nur mit dem Taxi zu erreichen. Im Anschluß an eine Landung kann man mit dem Sammeltaxi für 5 Can$ bis downtown fahren.

Die zweite Anreisemöglichkeit führt per Autofähre zur Insel. Es bestehen zwei kombinierte Personen-/Autofährverbindungen vom Festland nach P.E.I. Die kürzere führt von Cape Formentine NS nach Borden P.E.I. und ist Teil des Trans Canada Highways; Fahrtdauer 45 Minuten, Erwachsene zahlen 2,50 Can$ und weitere 6,60 Can$ fürs Auto. Dieselbe Strecke kann man auch mit dem Greyhound Bus bereisen, von Amherst her z. B. mit den Bussen der SMT Linie nach Charlottetown. Buspassagiere zahlen keine Fährgebühr. Die Eisenbahn fährt nicht mehr nach P.E.I., und auch deren Busse hat VIA Rail 1990 aus dem Verkehr gezogen.

Information: Marine Atlantic, P.O. Box 250, North Sidney, NS B2A 3M3, Tel. 1-8 00-5 65-94 70 (gebührenfrei in NS, NB und P.E.I.), sonst: (9 02) 5 38-22 78.

Diese Fähre verkehrt ganzjährig im Pendelverkehr, im Sommer rund um die Uhr. Die zweite Fährverbindung besteht im Süden zwischen Caribou NS und Wood Island P.E.I. Fahrtdauer 75 Minuten, Erwachsene Zahlen 3,30 Can$, 10,60 Can$ fürs Auto.

Information: Northhumberland Ferries Ltd., P.O. Box 634, Charlottetown, P.E.I. C1A 7L3, Tel. 1-8 00-5 65-02 01 (gebührenfrei in NS, NB und P.E.I.), sonst: (9 02) 5 66-38 38. Diese Verbindung besteht nur vom 1. Mai bis 20. Dezember und verkehrt nur zwischen 6 und 21 Uhr. Die vier genannten Fährorte sind nur Kleinsiedlungen mit eingeschränkter bzw. gar keiner Einkaufsmöglichkeit. Restaurants sind in den Fährhäfen nicht vorhanden, wohl aber an Bord der Fähren.

Prince Edward Island / **Busse**

Der Staat unterhält die Busgesellschaft „Island Transit". Die Hauptlinie besteht ganzjährig zwischen Charlottetown und Tignish im äußersten Nordwesten. Im Sommer verknüpft das Unternehmen mit einer zweiten Linie Souri im Nordosten der Insel mit Wood Island im tiefen Südosten. Das eröffnet den Reisenden in der Saison die Möglichkeit, ab dem Bus Terminal der Acadian Linie in New Glasgow NS mit der Fähre auf P.E.I., über die Insel hinweg nach Souri und von dort mit der Fähre nach den Magdalenen Inseln überzusetzen, ohne ein eigenes Fahrzeug zu nutzen. Unterwegs halten die genannten Busse in jedem Dorf und natürlich in Charlottetown.

Prince Edward Island / **Nützliche Adressen**

Allgemeine Information über die Insel erhält man durch P.E.I. Visitor Service, P.O. Box 940, Charlottetown, P.E.I. C1A 7M5, Tel. (9 02) 3 68-44 44 (auf der Insel gebührenfrei über Tel. 1-8 00-5 65-74 21).

Informationen über *Sportangeln* und die *Anglerlizenz* erhält man bei Fish und Wildlife Division, Government of P.E.I., 3 Queen Street, Charlottetown, P.E.I. C1A 4A2, Tel. (9 02) 8 92-03 11.

Informationen über *Jagd* und *Jagdlizenzen* erteilt ebenfalls die Fish and Wildlife Division.

P.E.I. National Park, District Superintendent, P.O. Box 487, Charlottetown, P.E.I. C1A 7L1, Tel. (9 02) 6 72-22 11.

Prince Edward Island / **National Park**

Der einzige Nationalpark der Insel ist einzigartig unter den 34 geschützten Gebieten Kanadas. Er liegt im Norden der Insel, im Mittelabschnitt der Uferzone, zwischen den Seebädern an der Tracadie Bay im Osten und denen der New London Bay im Westen und umfaßt einen schmalen, 40 km langen Küstenstreifen.

Der Park ist voll erschlossen, enthält Fahrstraßen und vier Campingplätze der Parkverwaltung (hat ihren Sitz im alten Farmhaus „Green Gables" im Badeort Cavendish, im Westteil des Parkes). Geschützt ist die auch für Kanada einmalige Uferzone zur nach Norden hin weit offenen St. Lawrence Bay. Rötliche und gelbliche Sanddünen türmen sich bis zu 18 m Höhe auf, an anderer Stelle begrenzen Steilwände aus rötlichem Sandstein bis zu 30 m hoch das Land. Ein breiter, vorgelagerter Dünenwall bildet eine mehrfach durchbrochene Nehrung, hinter der weite Haffs dem Festland der Insel vorgelagert sind. Zwei Drittel der Nehrung sind auf einer Straße befahrbar. Der Besucher gelangt mühelos zu den feinsten Badestränden. Sanddünen, Wäldchen, Marschen, Teiche, Buchten und Steilklippen bilden eine abwechslungsreiche Küstenlandschaft, die artenreich von unzähligen Vogelschwärmen belebt ist. Neben bewachten Badeständen gibt es auch stille Strandabschnitte für den, der lieber allein ist. Golf- und Tennisplätze, Kanu- und Segelbootverleih erlauben zusätzliche Aktivitäten neben Schwimmen, Tauchen und Fischen.

Québec City

Québec, die Hauptstadt der gleichnamigen Provinz, liegt auf dem linken Hochufer am St. Lawrence River, da wo der Fluß durch eine steile und langgezogene Felsklippe eingeengt wird, unterhalb deren Fuß die Rivière Saint-Charles einmündet. Weiter unten weitet sich der St. Lawrence River zum Strom und umschließt die große Ile d'Orléans.

Québec City / **Geschichte**

Jacques Cartier gab dem Felsrücken über dem Fluß den Namen Cap-aux-Diamants, aber erst Samuel de Champlain gründete 1608 zu Füßen des 180 Meter hohen Felsens die frühe Siedlung. Eine einfache Palisade umschloß auf dem Schwemmland, am heutigen Place Royale, die ersten Blockhäuser. Bald entstand nahebei eine kleine Befestigungsanlage, die Batterie Royale. Spätere Zuwanderer ließen sich auf der Insel d'Orléans und an anderen Plätzen nieder, nahe dem Place Royale erhoben sich bald die Steinhäuser reicher Bürger. Nur langsam breitete sich die Stadt aus und bedeckte die Höhen der heutigen Altstadt. Als sich die Niederlage Frankreichs schon abzeichnete, nach dem Frieden von 1713, begann man damit, Québec zu befestigen. Die Mauern um die Altstadt wurden errichtet, Bastionen angelegt, und schließlich begann man mit dem Bau der großen Anlage auf der Höhe, der heutigen Citadelle. Als dann 1759 die Entscheidung anstand, war die Festungsanlage im Stil Vaubans erst in Ansätzen vorhanden.

Nach dem Frieden von 1763 führten die Engländer die Bauarbeiten an der Festung fort. Als dann die US-Truppen unter Richard Montgomery und Benedict Arnold die Stadt angriffen, widerstand Québec.

Der zweite Überfall der USA auf Kanada, 1812 bis 1814, schockierte die Kolonie Englands so nachhaltig, daß nun die Festungsanlagen mit gewaltigem Aufwand zu ihrem heutigen Aussehen ausgebaut wurden. Mit fünf Nebenstationen wurde Québec so zur einzigen voll befestigten Stadt in Nordamerika. Benötigt wurde die Befestigung allerdings nicht mehr. Unter englischer Herrschaft entwickelte sich die Stadt zu einem der großen Schiffsbau- und Handelshäfen der Welt. Man schätzt, daß in Québec etwa 2500 Schiffe für das Empire gebaut wurden. Parallel dazu behielt Québec seine Funktion als Sitz der Kolonialverwaltung. Ab 1867 wurde sie Hauptstadt der gleichnamigen Provinz. Seither ist Québec weitergewachsen. Rund ein Dutzend selbständiger Vorstädte streben im Umfeld heran. Sie sind heute zum Teil mit dem Stadtrand von Québec City verwoben.

Im Château Frontenac, das Québec majestätisch überragt, trafen sich einst Roosevelt und Churchill, um ihre gemeinsame Kriegsführung abzusprechen ▶

Québec City / **Sehenswürdigkeiten**

Die alten Stadtbezirke liegen dicht beieinander und lassen sich bequem zu Fuß durchstreifen. Sie liegen alle in oder nahe bei der alten Stadtmauer um die Altstadt. Und wer nicht gerne läuft, kann sich am Place de l'Esplanade, beim Touristenbüro, eine Pferdekutsche mieten. Für 40 Can$ die Stunde wird man dann in einem Fiaker durch Alt-Québec gefahren. Die Altstadt mit ihren Pflasterstraßen, den kleinen Gassen und breiten Plätzen, den Straßencafés und gemütlichen Restaurants, den historischen Gemäuern und den Treppenstufen von der Ober- zur Unterstadt erinnern den Besucher an die alten Stadtteile von Paris. Flanierende Fußgänger bevölkern Straßen und Plätze, und über allem liegt das Flair Altfrankreichs. Seit 1960 wird hier ununterbrochen renoviert. Mit einem für Kanada einmaligen Einsatz von Mitteln wird Altes erhalten und dem Zerfall entgegengewirkt.

Der ideale Ausgangspunkt für einen Stadtrundgang ist der Platz vor dem Wahrzeichen Québecs, dem *Schloß Frontenac*. Das Hotel, eines der feudalsten des Landes, steht seit 1892 dort, wo vormals der Gouverneurspalast stand. Die wuchtige Baumasse mit ihren zahlreichen Türmchen ist aus allen Richtungen über dem Häusermeer zu sehen. In dem berühmten Hotel trafen sich einst Roosevelt, der US-Präsident, und Englands Kriegspremier Churchill, um ihre gemeinsame Kriegsführung abzusprechen. Zwar kann man im Selbstbedienungsrestaurant im Untergeschoß die unumgänglichen Hamburger erstehen, aber im Innern des Hauses, im eleganten Speisesaal und in der altertümlichen Lobby, lebt noch der Geist der Jahrhundertwende.

Draußen an der Ecke zum Fluß steht das Denkmal zu Ehren des Stadtgründers Champlain, und von der anschließenden *Terrasse Dufferin* bietet sich ein wundervoller Blick über die Gassen der Unterstadt, den Fluß und den Hafen, die Insel d'Orléans und die Vorstadt Lévis. Über die Treppe geht es hinunter in die Gassen des ältesten Stadtteiles, aber man kann auch die Zahnradbahn benutzen, die im Maison Jolliet von 1684 endet. Am *Place Royale* stand Champlains Niederlassung, die nur aus einem Lagerhaus, einem Laden und zwei Wohngebäuden bestand. Rund um den Marktplatz, der zuerst tatsächlich „Place du Marché" hieß, vermitteln die renovierten Häuser einen Eindruck vom damaligen Zentrum Neu-

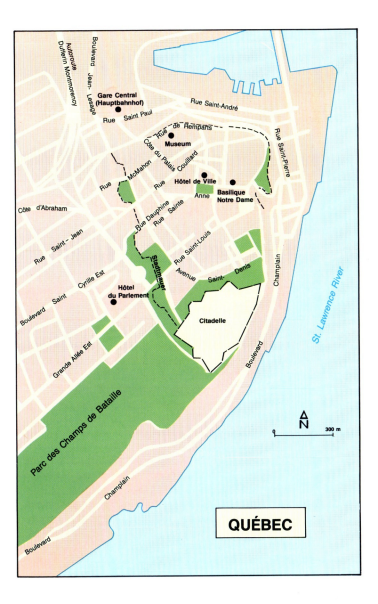

frankreichs. Das Kopfende des Platzes beherrscht die 1688 erbaute Kirche *Notre-Dame-des-Victoires,* eine eher schlichte Baulichkeit. Sie wurde zweimal zerschossen und wiederaufgebaut.
Der Altar ist in Form einer alten Burg gestaltet, mit Türmchen und Zinnen. Von der Decke hängt ein Modell des Segelschiffs „Le Brezé", das 1664 den Marquis de Tracy und das französische Regiment Carignan herüberbrachte. Die Patrizierhäuser rund um den Platz sind ein geschlossenes Stück Mittelalter, darunter das *Maison Fornel,* erbaut 1656, in dem heute das Touristenbüro untergebracht ist. In den umliegenden engen Gassen stehen zahlreiche alte Gebäude zusammmen, darunter das *Maison Chevalier,* dessen Teil *Frerot* aus dem Jahre 1675 stammt. Insgesamt stellt die Unterstadt ein seltenes Stück alter Geschichte dar.
Die sternförmige *Festung* auf der Spitze des Cap Diamant liegt schützend über der Altstadt und bildet den Abschluß der Stadt und der Verteidigungsanlagen im Osten. Sie ist noch immer Garnison eines Regiments, der 22rd Royals, kann aber mit geführter Gruppe täglich besichtigt werden. Im ehemaligen Pulverlager ist ein *Uniformmuseum* untergebracht, das die Ausrüstungsstücke ab dem 17. Jahrhundert zeigt. Die militärische Tradition wird zur Freude der Besucher mit historisch uniformierter Wache, dem zeremoniellen Wechsel der Guards, dem mittäglichen Kanonenschuß und dem abendlichen Zapfenstreich aufrechterhalten. Südostwärts der Festung erstreckt sich das einstige Schlachtfeld „Pleins d'Abraham", auf dem die Generäle Wolfe und Montcalm starben und wo 1759 die Entscheidung fiel, woraufhin Québec endgültig zu England kam. Der Name rührt von dem ursprünglichen Besitzer Abraham Martin her, der die Fläche 1635 zum Eigentum erhielt. Heute ist der Platz eine Grünanlage, *Parc des Champs-de-Bataille* und enthält eine Reihe von Baulichkeiten, z. B. das *Musée de Québec,* den *Martello Tower,* eine spätere *Fortanlage,* das *Wolfe Monument* und andere. Da die Parkflächen sehr ausgedehnt sind, sie umfassen eine Fläche von ca. 250 Morgen, empfiehlt es sich, die kostenlose Rundfahrt mit dem Bus mitzumachen.
Müde gelaufen, sollte man sich in der Unterstadt ins *Quartier Petit-Champlain* zurückziehen. Restaurants, kleine Läden, Künstler und Allein-

---

Man fühlt sich in alte Zeiten zurückversetzt — Kutschfahrt durch die altfranzösischen Gassen von Québec ▶

unterhalter, viel Farbe und viele Blumen — Petit Champlain ist ein Erlebnis. Ein kleines Theater lädt zum Besuch ein und unterhält mit abwechslungsreichem Programm seine Zuschauer.

Wer in der Oberstadt danach sucht, findet am *Place d'Armes,* dem alten Haupt- und Paradeplatz Québecs, das bunteste Treiben vor. Im engen Gäßchen um die Ecke, in der Rue du Trésor, drängen sich Straßenmaler, Künstler und Souvenirverkäufer. Von den Straßencafés aus kann man alles in Ruhe betrachten und anschließend die ehrwürdige Basilika *Notre-Dame-de-Québec* besuchen, den Bischofsdom der Provinz Québec. Das daran angebaute Gebäude *Seminaire de Québec* ist das ehemalige Priesterseminar, aus dem die heutige Universität Laval hervorgegangen ist. Das geistige Zentrum Québecs, die älteste katholische Hochschule Nordamerikas, hat seinen Campus heute in der Nachbarstadt Sainte-Foy.

Auf der anderen Seite der Place d'Armes, deren seltsamer Brunnen im gotischen Stil schon seit 1816 sprudelt (er wurde zur 200. Wiederkehr der Ankunft der Recollets Franziskanerbrüder errichtet), geht es zum *Musée des Ursulines.* Das 1639 errichtete ehemalige Kloster war einst Konvent der gleichnamigen Schwestergemeinschaft und ist heute der Erinnerung an deren Wirken gewidmet. *Alt Québec,* innerhalb der Wälle, ist in nahezu jeder Hinsicht das Herz der Stadt. Hier pulsiert das Leben ganzjährig — auch ohne Touristen. Morgens trifft man die Einwohner auf dem Weg zum Bäcker, und nebenan holt man sich die Tageszeitung. Erste Gäste sitzen im Gehweg-Café beim Morgenkaffee und sehen den verspäteten Verwaltungsangestellten nach, die gemächlichen Schrittes einer der staatlichen Institutionen zustreben. Später dann öffnen die zahlreichen Boutiquen, die Art Galleries, die vielen kleinen Lädchen und die Museen. Dann läßt sich auf engstem Raum alles erleben, was Québec an typischer Lebensweise wie sonstigen Angeboten zu bieten hat. Unter den vielen Veranstaltungen des Jahres sei auf einige herausragende hingewiesen. Zwei Wochen im Mai sind einem internationalen Treffen darstellender Künstler aller Art gewidmet. Straßentheater, große Bühnenereignisse und bunte Unterhaltung in den Altstadtgassen zieht viel Volk in die Stadt, Künstler wie Besucher und Zuschauer.

Im Juni wallfahren die Künstler und Anhänger des modernen Jazz und Blues nach Québec, um die internationale Avantgarde zu beklatschen. Ein Sommerfestival der darstellenden Künste bringt im Juli die Menschen auf die Beine. Eines der bedeutendsten Treffen darstellender Künstler aus dem französischsprachigen Raum der Welt findet statt, die Plätze der Altstadt werden selbst zur Bühne. „Expo-Québec" im späten August ist dann mehr eine Handels- und Exportausstellung in deren Gefolge eine ganze Reihe von Shows und anderen Veranstaltungen stattfinden.

Québec City / **Ausflüge**
Mit der Fähre nach Lévis
Eine beeindruckende Tour ist eine Fahrt mit der Fähre vom Fuß der Altstadt, dem Quartier Petit-Champlain, hinüber nach Lévis, das ebenfalls mit einer eindrucksvollen Reihe alter Bürgerhäuser an der Rue Guenette, der Avenue Mont-Marie und vor allem der Rue Wolfe aufwartet, wo auch das „Centre d'Art de Lévis" zu Hause ist. Das Städtchen trägt seinen Namen nach dem französischen Sieger der Schlacht bei Sainte-Foy im Jahr 1760, dem Herzog von Lévis. Fährt man mit der Fähre zurück, die seit 1816 die beiden Städte verbindet, erhält man einen der schönsten Ausblicke auf Vieux-Québec mit der dominierenden Fassade des Hotels „Château Frontenac", der sich in der Abenddämmerung noch eindrucksvoller gestaltet, wenn oben im Hotel und unten in Petit-Champlain die Lichter leuchten.

Parc Cartier-Brébeuf
Ein weiterer Kurztrip führt mitten ins Großstadtgebiet, zur 175 Rue de L'Espinay, wo am Ufer des Rivière Saint Charles der kleine Parc Cartier-Brébeuf, ein National Historic Park, den Besucher erwartet. Am Ufer des Flusses liegt ein Nachbau der „Grande Hermine", des Seglers, mit dem Cartier 1535 Québec erreichte. Das im Originalmaßstab nachgebaute historische Schiff kann besichtigt werden.

Ins Land der Indianer
Ins ursprüngliche Québec führt ein Besuch der ersten Huronen-Ansiedlung, 1625 rue Notre Dame in L'Ancienne-Lorette. Im Zentrum der Kleinstadt, wo sich heute der Flughafen von Québec befindet, lag damals eine Seigneurie, die sich die Jesuiten gesichert hatten. Als die Niederlage der Huronen gegen die Irokesen feststand, suchten die Huronenstämme Zuflucht hinter den Wällen ihrer französischen Verbündeten. Die Jesuiten siedelten eine Gruppe Huronen an und bauten eine Kapelle —

d. h. sie ließen die Indianer eine erbauen. Deren Name ist heute noch die Bezeichnung für zwei Vorstädte Québecs, sie hieß „Notre-Dame-de-Loretto", erbaut 1674. Heute steht die Kirche „Eglise de L'Ancienne-Lorette" an ihrem Platz, erbaut 1907 bis 1910.

1697 verließen die Huronen diese Stätte und siedeln seither in Wendake oder „Village-des-Hurons", wie das Reservat heute auch genannt wird. Man findet es an der Rue Huron Nr. 25 in Wendake und kann sich dort ein Bild vom modernen Großstadt-Indianer machen. Im Herzen dieser Siedlung steht heute die neue Kapelle „Notre-Dame-de-Loretto", nun über 250 Jahre alt, und um sie herum ist man als Besucher der Huronen willkommen, die ihre Handwerkskünste darbieten. Das rekonstruierte Indianerdorf ist freilich nur ein Museum, aber die ursprüngliche Lebensweise kann man doch nachvollziehen.

Ile d'Orléans

Wer nun genug von Kichen und Heiligen hat, möge sich durch eine Rundfahrt um die Insel d'Orléans auf dem St. Lawrence River einen Einblick ins einfache Landleben der Neuamerikaner französischer Herkunft verschaffen. Rund 7000 Menschen leben in beschaulicher landwirtschaftlicher Idylle eines Gartens vor den Toren der Metropole. Zahlreiche alte Gebäude rufen die versunkene Zeit wach und in der Mühle Moulin Gosselin, die aus dem Jahre 1635 stammt (Nr. 758 in Saint-Laurent), kann man sich beim Dinner von den Strapazen der Besichtigungen erholen, denn ganz ohne den Besuch alter Kirchen geht es nirgendwo.

Montmorency Falls

Bevor man über den Pont de l'Ile auf die Insel fährt, um sie auf einem Rundkurs zu erleben (Cartier nannte sie übrigens „Isle de Bacchus"), hat man noch am Ufer des St. Lawrence, nur wenig nördlich der Brücke, die Chance, auch die herrlichen Wasserfälle von Montmorency zu erleben. Mancher wird sie schöner finden als die allerdings besser vermarkteten am Niagara, und höher sind sie auch. Das Wasser des gleichnamigen Flusses stürzt hier genau 83 m in die Tiefe.

Basilika Sainte-Anne-de-Beaupré

Ebenfalls wenige Kilometer weiter nördlich der Brücke zur Ile d'Orléans liegt die Basilika Sainte-Anne-de-Beaupré, seit dem 17. Jahrhundert *der* Wallfahrtsort in Nordamerika. In Erfüllung eines Gelübdes wurde 1661 eine Kapelle über dem Fluß erbaut. Bei ihrer Erstellung wurde ein behinderter Bauhelfer wieder gesund, und der Ruf des Gebäudes als wundertätige Stätte war nicht mehr aufzuhalten. Schon 1676 wurde die hölzerne Kapelle durch eine Steinkirche ersetzt, und seit 1923 wacht die mächtige Basilika, im romanischen Stil erbaut, von der Klippe über den St. Lawrence. Der eindrucksvolle neuzeitliche Bau prunkt vor allem mit seinen wunderbaren bunten Fenstern, die man im Sonnenlicht eines schönen Vormittags oder eines späten Nachmittags erleben sollte. Bunt ist auch das Bild, das Tausende von Touristen abgeben, die täglich die Kirche besuchen; über eine Million Menschen sollen es jährlich sein. Da muß man eben über die kitschigen Auswüchse hinwegsehen, die wie ein Naturgesetz solche Wallfahrtsorte durchziehen und umgeben. Farbenfroh geht es ebenfalls zu, wenn sich zum Sommeranfang die Indianer unter die Besucher mischen und im Mittsommer die Zigeunersippen aus Nordamerika hier ihr Treffen haben.

Ins Tal des Rivière Sainte-Anne
Im Sommer ist der kurze Abstecher ins Tal des Rivière Sainte-Anne empfehlenswert. Im Grand Canyon beeindrucken die wilde Felskulisse und das schäumende Wasser. Die Fälle sind insgesamt 74 Meter hoch, zwei Fußgängerbrücken machen die Sicht aus jeder Perspektive möglich. Man erreicht sie in 5 Minuten Fahrt ab Beaupré über die Route 138.

Parc de la Jacques Cartier
Zu den sicherlich erlebenswertesten Touren in der Umgebung von Québec City zählt ein Ausflug in den nahen Parc de la Jacques Cartier. Hier bietet sich *die* Gelegenheit für den Touristen, sich auf kurzen Wegen einen bleibenden Eindruck von den „Höhen" des Massif des Laurentides (ca. 1000 m.ü.M.) zu verschaffen.

Der Park liegt vor den Toren Québecs, nur 35 km nördlich der Altstadt. Man erreicht ihn über die PQ-Route Nr. 175, einen gut ausgebauten Highway, der an der Parkgrenze entlang, aber mitten durch das umgebene Schutzgebiet der „Réserve Faunique des Laurentides" ins nördliche Gebiet der Provinz Québec führt.

Information: Parc de la Jacques Cartier, Bureau d'accueil, C.P. 10 000, Stoneham, PQ G0A 4P0, Tel. (4 18) 8 48-31 69.

Québec City / **Praktische Informationen**

Busterminals: Der Busterminal für die Überlandbusse der „Voyageur Line", die als Greyhound-Ersatz die Provinz Québec befährt, liegt zu Füßen der Altstadt: 255 boulevard Charest Est, Québec, PQ G1K 3G9, Tel. (4 18) 5 24-46 92. Der Busterminal für das städtische Nahverkehrsnetz liegt um die Ecke: Commission de Transport de la Communauté urbaine de Québec (CTCUQ), Complexe Jacques Cartier, 325 rue du Roi, Québec, PQ G1K 8E9, Tel. (4 18) 6 27-25 11. Das ist das teuerste Busnetz in einer kanadischen Stadt, der Einheitspreis für eine Fahrt mit oder ohne Umsteigen beträgt 1,25 Can$. Keine Mehrfahrtenkarten zu einem günstigeren Preis. Keine U- oder S-Bahn.

Bahnhof: VIA Rail Station, Gare du Palais, 450 rue de la Gare-du-Palais, Québec, PQ G1K 3X2, Tel. (4 18) 5 24-64 52.

Flughafen: Québec City Airport, Route de l'Aéroport, Tel. (4 18) 6 92-10 31, liegt 30 km westlich der Altstadt im Vorort L'Ancienne-Lorette. Nur innerkanadische Anschlußflüge, mit der Altstadt durch die Buslinie 80 verbunden.

Informationen: Québec City Region Tourism and Convention Bureau, 60 rue d'Auteuil, Québec, PQ, G1R 4C4, Tel. (4 18) 6 92-24 71.

Unterkunft

Campingplätze: „Campground Aéroport", 2050 route de l'Aéroport, Ste-Foy, QC, G2E 3L9, 7 km von Québec entfernt, 80 Stellplätze, 16 Can$ pro Platz und für zwei Personen, geöffnet von Mitte Mai bis Anfang Oktober.

„Campground Municipal de Beauport", 95 rue Sérénité, Beauport, QC, G1E 6P4, 6 km von Québec entfernt, 130 Stellplätze, pro Platz 10-15 Can$, geöffnet von Juni bis September.

„Campground de la Joie Enr.", 640 Georges Muir, Charlesbourg, QC, G1H 7B1, 8 km von Québec entfernt, 105 Stellplätze, 12-16 Can$ pro Platz, geöffnet von Mitte Mai bis Mitte September.

„Campground L'Egaré Enr.", 1069 route 138, C.P. 35, Neuville, QC, G0A 2R0, 25 km von Québec entfernt, 62 Stellplätze, 11-15 Can$ pro Platz und für 3 Personen, geöffnet von Mitte Mai bis Mitte September.

„Campground Plage Germain, 7001 boulevard Fossambault, Lac-Saint-Joseph, QC, G0A 3M0, 20 km von Québec entfernt, 604 Stellplätze, pro Platz 22 Can$, geöffnet von Mai bis September.

Hotels/Motels: „Le Roussillon", 330 rue de la Couronne, Québec, PQ, G1K 6E6, Tel. (4 18) 6 49-19 19, 159 Zimmer, EZ/DZ 75-115 Can$, hoher Komfort.
„Hôtel Le Gîte", 5160 boulevard Wilfried Hamel Est, Québec, PQ, G2E 2G8, Tel. (4 18) 8 71-88 99, 40 Zimmer, EZ/DZ 45-90/49-100, hoher Komfort.
„Hôtel Château Bellevue", 16 rue Laporte, Québec, PQ, G1R 4M9, Tel. (4 18) 6 92-25 73, 57 Zimmer, EZ/DZ 54-89/59-89 Can$, in der Nebensaison 45-65/50-70 Can$, überdurchschnittlicher Komfort.
„Motel Royal", 1515 boulevard Wilfrid Hamel, Québec, PQ, G1N 3Y7, Tel. (4 18) 6 81-61 08, 18 Zimmer, EZ/DZ 61-65/70-75 Can$, überdurchschnittlicher Komfort.
„Le Manoir Lafayette", 665 Grande Allée Est, Québec, PQ, G1R 2K4, Tel. (4 18) 5 22-26 52, 12 Zimmer, EZ/DZ 49-64/54-74 Can$, in der Nebensaison 28-43/33-53 Can$, durchschnittlicher Komfort.
Preiswerte Hotels:
„Hôtel Manoir La Salle", 18 rue Sainte-Ursule, Québec, PQ G1R 4C9, Tel. (4 18) 6 47-93 61, 9 Zimmer, ab 23 Can$.
„Hôtel La Maison Demers", 68 rue Sainte-Ursule, Québec, PQ G1R 4E6, Tel. (4 18) 6 92-24 87, 8 Zimmer, ab 25 Can$.
„Hôtel Maison du Général", 72 rue Saint-Louis, Québec, PQ G1R 3Z3, Tel. (4 18) 6 94-19 05, 9 Zimmer, ab 28 Can$.
„Hôtel Manoir sur le Cap", 9 avenue Sainte-Geneviève, Québec, PQ G1R 4A7, Tel. (4 18) 94-19 87, 14 Zimmer, ab 30 Can$.
„Hôtel Manoir de la Terrasse", rue Laporte, Québec, PQ G1R 4M9, Tel. (4 18) 6 94-15 92, 7 Zimmer, ab 34 Can$.
„Hôtel Maison Acadienne", 43 rue Sainte-Ursule, Québec, PQ G1R 4E4, Tel. (4 18) 6 94-02 80, 27 Zimmer, ab 34 Can$.
„Maison Sainte-Ursule", 40 rue Sainte-Ursule, Québec, PQ G1R 4E2, Tel. (4 18) 6 94-97 94, 15 Zimmer, ab 35 Can$.
Jugendherbergen/Wohnheime: „Auberge de la Paix", 31 rue Couillard, Québec, PQ, G1R 3T4, Tel. (4 18) 6 94-07 35.
„Centre international de séjour de Québec", 19 rue Sainte-Ursule, Québec, PQ G1R 4E1, Tel. (4 18) 6 94-07 55. Mitglieder zahlen 8 Can$. Nichtmitglieder 9 Can$.
Letztere Herberge liegt in der Altstadt, halbwegs zwischen „Voyageur Terminal" und Citadelle, gegenüber dem „Québec City Region Tourism Bureau" (s. o.).

Die erstgenannte Herberge ist nahe dem Rathaus im unteren Teil der Altstadt gelegen.

„Québec YWCA", 855 avenue Holland, Québec, PQ G1S 3J5, Tel. (4 18) 6 83-21 55.

Québec / Provinz

Kanadas älteste Provinz Québec umfaßt die gesamte ostkanadische Landmasse nördlich der Flüsse Ottawa und St. Lawrence, hat eine Fläche von 1 540 689 qkm und 6,6 Millionen Einwohner. Südlich des St. Lawrence River gehören die Niederungen am Fluß mit zur Provinz, bis zur Grenze an die USA und in der Gaspésie hinaus an den Gulf of St. Lawrence. Im Westen grenzt die künstlich gezogene Linie entlang dem 79. Längengrad Québec vom benachbarten Ontario ab und im Osten gehören Teile Labradors ab der Wasserscheide der nach Osten fliegenden Flüsse zur kanadischen Nachbarprovinz Newfoundland. Physiographisch gehört die Provinz zum Urzeitgebirge Laurentia, soweit sie nördlich des St. LawrenceStromes liegt. Die zu einem Mittelgebirge abgerundeten Höhen des kanadischen Schildes steigen rasch nach Norden aus dem Flußtal zu einem Plateau auf ca. 1000 m u.d.M. auf und neigen sich dann zur Senke an der Hudson Bay und deren südlichstem Ausläufer, der James Bay. Diese Region ist zur landwirtschaftlichen Nutzung ungeeignet. Ein endloses Meer von nordischen Wäldern, riesigen Binnenmeeren und ausgedehnten Seenplatten durchziehen sie — eine wundervolle unberührte und unbewohnte Naturlandschaft, die leider auf Wirtschaftsmagnaten und Politiker eine unheilvolle Anziehungskraft ganz einschlägiger Art ausgeübt hat. Die Ausbeutung der Naturschätze ohne zimperliche Rücksichtnahme auf Umweltschäden hat regional zu irreparablen Schäden geführt. Insbesondere zur Ausbeutung der Wasserkräfte sind ungeheuerliche Natursünden begangen worden.

Südlich dieses Gebietes, im Tiefland am Graben des St. Lawrence-Stromes, ballt sich fast die gesamte Bevölkerung der Provinz zusammen. Auf den fruchtbaren Böden beiderseits des Stromes begann die Besiedlung des Landes, hier liegen die beiden Großstädte Québec und Montréal in denen allein über 50 % der Menschen des Bundesstaates leben.

Québec / **Geschichte**

Als die ersten Europäer am St. Lawrence-Strom auftauchten, wurden sie von den Indianern, die dort längst in Großsiedlungen lebten und Ackerbau betrieben, freundlich aufgenommen. Nur dank der Hilfe der Eingeborenen gelang die französische Besiedlung. Diese Hilfsbereitschaft verlangte natürlich nach Gegenleistungen und bald war Neufrankreich in einen zermürbenden Dauerkrieg mit den Irokesen verwickelt, die sich englischer Unterstützung erfreuten.

Parallel dazu wuchs am St. Lawrence-Strom nach und nach ein getreues Abbild des heimatlichen Frankreich heran. Adlige Herren wurden mit ausgedehnten Ländereien belehnt, denn das kostete nichts, zwang aber die neuen Eigentümer, Leibeigene hinüberzuschaffen, um aus dem Besitz Gewinn zu schlagen. Deswegen kamen nur wenige Freiwillige aus Frankreich, während im „liberaleren" englischen Siedlungsraum die Bevölkerung ständig zunahm.

Von Anfang an wurde von Frankreich die Missionierung der Indianer als eine Hauptaufgabe angesehen. Bigotte Gemüter fanden sich reichlich am Versailler Hof, und so hatten die Heidenbekehrer immer reichlich Geldgeber im Rücken. Zwei katholische Ordensgemeinschaften, die Récollets (Franziskaner) und die Jesuiten, stritten sich mit Hingabe um die Bekehrung der Einheimischen und die Zucht unter den Zuwanderern. Ausgiebige Privilegien und Landübertragungen machten sie dabei reich. War die Macht der Kirchen schon unter französischer Herrschaft sehr groß gewesen, so nahm sie noch größere Ausmaße an, als England 1763 die Herrschaft antrat.

Fortan hatte der Pfarrer in der Gemeinde das Sagen, und als Folge entstand eine ganz eigene frankokanadische Kultur. Gerade noch rechtzeitig, um diese Volksgruppe an sich zu binden und gegen die Aufstandsbewegung in den späteren USA zu immunisieren, gewährte die britische Krone 1774 Religionsfreiheit.

Mit der Staatsbildung Kanadas erhielt das ehemalige Kolonialgebilde Lower Kanada seinen heutigen Provinznamen. Die frankokanadische Kultur konnte sich nun ungehindert ausdehnen. Die Provinz ist heute als einzige einsprachig, Schulfranzösisch ist die Amtssprache, aber die Bevölkerung spricht ein aus dem Mittelalter stammendes Idiom, das

„Joual" oder „Québecois" genannt wird und Europäern recht unverständlich im Ohr klingt. Der Austritt aus dem kanadischen Bundesstaat, der immer mal wieder öffentlich erwogen wird, aber bisher nie wirklich in Angriff genommen wurde, wird wohl niemals Realität werden. Schon einmal hat die Bevölkerung in einer Abstimmung eindeutig für Kanada votiert. Nicht nur die 7000 Inuit, die 77 000 Indianer und Métis, die 12 % Anglokanadier in Québec — auch die 83 % Frankokanadier wissen, daß sie innerhalb der kanadischen Völkerfamilie gut aufgehoben sind.

Québec / **Wirtschaft**

Unter den zwölf kanadischen Provinzen ist Québec wohl die reichste und wirtschaftlich stabilste. Das liegt weniger an den bekannten Bodenschätzen. Die gibt es in allen anderen Teilen Kanadas auch — aber keiner liegt so verkehrsgünstig auf kurze Distanz zu den Industriezentren der Welt. Auf dem präkambrischen Schild ist die großangelegte Forstwirtschaft ein stabiler Faktor. Nicht weniger als 60 riesige Papiermühlen verarbeiten jährlich Holz zu über 7 Millionen Tonnen Papier, das vorwiegend zur Zeitungsherstellung in alle Welt exportiert wird. Die Bergbauindustrie verwendet in beachtlichem Umfang die Bodenschätze wie Titan, Quarz, Kupfer, Zink, Eisen usw. Selbst bei Gold erreicht die Produktion 20 % der gesamtkanadischen Ausbeute, und der Asbestabbau 30 % der weltweiten Produktion.

Maßgeblich trägt aber der Dienstleistungssektor zum Wirtschaftsgefüge bei. Die Häfen von Québec und Montréal, Trois Rivières und Rimouski sind im Frachtumschlag und bei der Containerverschiffung führend, weil sie am St. Lawrence-Strom liegen. Im Einzugsgebiet dieser Städte ballen sich die Dienstleistungsbetriebe, die von der günstigen Lage an der Hauptverkehrsader Kanadas profitieren. Warenumschlag und -verteilung für ganz Kanada sichern die Beschäftigung in den Metropolen, die gerade deshalb hier in Québec entstanden sind.

Québec / **Nützliche Adressen**

Tourisme Québec, Königsallee 30, Kö-Center, 4000 Düsseldorf 1, versendet *allgemeine Informationen* über die Provinz. Ergänzendes Material bekommt man durch Tourisme Québec, P.O. Box 20 000, Québec, PQ, G1K, 7X2, Tel. (4 18) 8 73-20 15.

Informationen sowie Lizenzen für *Jagd und Angeln* erhält man durch Ministère du Loisir, de la Chasse et de la Pêche, Direction des Communications, 150 boulevard Saint Cyrille Est, Québec, PQ G1R 4Y3, Tel. (4 18) 6 43-31 27.
Auskünfte über die *Parks und Wildlife Reserves* erteilt das Ministère du Loisir, de la Chasse et de la Pêche, Anschrift siehe oben.
Über die Division des réservations, C.P. 1010, Québec, PQ G1K 8X4, erhält man Unterlagen über *Hüttenvermietung* in den Parks.

Radio und Fernsehen

Wer im Auto unterwegs ist und plötzlich bemerkt, daß sein Radio verstummt, braucht nicht gleich an einen Defekt zu denken. Er hat vermutlich nur gerade den Empfangsbereich verlassen! Bis zum nächsten Ortsrand einer Siedlung gibt es nun nichts mehr zu hören — jedenfalls nicht im UKW- und Mittelwellenbereich. Es gibt auch in Kanada Rundfunksender, die landesweit senden, aber nur auf Langwelle oder Kurzwelle auch landesweit zu empfangen sind, und die sind in Autoradios meist nicht zu finden. Für UKW- und Mittelwellenempfang benötigt man den örtlichen Umsetzer einer Siedlung. Daher ist oft auf Hunderten von Kilometern kein Empfang möglich, von Empfangsmöglichkeiten im Busch ganz zu schweigen. Außerdem gibt es in jeder größeren Ortschaft mindestens einen privaten Rundfunksender. Die finanzieren sich durch Werbeaufnahmen. Daher ist ihr Ausstrahlungsbereich auf den Ort begrenzt. Auffällige Tafeln am Straßenrand nennen die Wellenlänge und kennzeichnen die Empfangsbereiche. Die Programme sind druch Werbespots bestimmt, aber sie enthalten auch die für Touristen interessanten Hinweise. Morgens bzw. am Vormittag laufen in der Regel die kostenlosen Annoncensendungen, das Radio ersetzt die Anzeigenseiten in den nicht vorhandenen Zeitungen — oder ergänzt diese in Großstädten. Wer etwas auf den Gebrauchtwarenmarkt bringen möchte, ruft einfach an. Der Sender funkt es in den Äther. Wer Kaufinteresse hat, ruft beim Verkäufer an. Umgekehrt geht es genauso: Der Tourist, der ein gebrauchtes Kanu billig kaufen möchte, rufe an und lasse sich Angebote machen.
Wer landesweit auf Empfang bleiben möchte, muß sich ein kleines Radio mitbringen, das ihm Kurzwellenempfang ermöglicht. Damit kann man

dann auch Heimatklänge einfangen und erfährt auch noch im hintersten Winkel im Busch, wie der Pokalkick zwischen Austria Wien und Grashoppers Zürich ausgegangen ist.

Fernsehen wird auch im hohen Norden groß geschrieben. Neben den beiden landesweit ausgestrahlten Programmen der CBC in Kanada ist eine Vielzahl örtlicher Privatsender am Werk. Sie kann man überall in den Städten über Kabel empfangen, aber auch im letzten Inuitdorf am Rande des Eismeers. Die neuen Techniken machen es möglich, Satellitenfernsehen aus den USA und Kanada fängt man überall mit den schüsselartigen Empfangsanlagen ein.

Für Fernsehübertragungen wird in Nordamerika einheitlich das NTSC-System benutzt. Dessen Bild setzt sich aus 525 Zeilen zusammen und stimmt nicht mit europäischen Systemen überein. Deren Bilder bestehen aus 625 Zeilen. Wer also mit eigenem Mobilhome auf Reisen geht, kann drüben mit seinem Fernseher nichts empfangen. Und die hiesigen Videobänder und -cassetten können drüben nicht auf einem nordamerikanischen Gerät abgespielt werden!

Reisen im Land
Reisen im Land / **Boote**

Wer nicht gerade nur zu einem Reiter- oder Winterurlaub aufbricht, ist für das Erleben unberührter Natur auf ein Boot angewiesen. Ein dem zweckmäßig ausgeformten Birkenrindenkanu der Indianer oder dem Kajak der Inuit nachempfundenes Boot aus Kunststoff, Plastik oder Blech ist wegen seines geringen Tiefganges und Gewichts unentbehrliches Hilfsmaterial bei Outdoor-Unternehmungen und daher überall im Norden reichlich anzutreffen. Sofern jemand eine geführte Wasserexpedition ordert, ist die Benutzung von Booten mit Paddeln und Schwimmwesten stets im Pauschalpreis enthalten.

Wer auf eigene Faust auf einen See hinaus- oder einen Fluß hinabfahren will, kann am Ort immer ein Boot mieten, sogar in Einbahnrichtung. Er muß es nicht zurückbringen, sondern kann es am Ziel bei der vereinbarten Stelle abgeben.

Preiswert sind diese Mietboote nicht! Zumeist handelt es sich um die überall bekannten, offenen und zweisitzigen Kanus, die auch als „Kanadier" bekannt sind! Unter 30 Can$ pro Tag, 150 die Woche oder 250 für 15 Tage bekommt man sie nicht. Ausleihstellen sind (fast) überall die Handelsniederlassungen der Hudson's Bay Company, die besonders bei Einweg-Unternehmungen zu empfehlen sind: Man kann das Boot beim nächsten Handelsposten der HBC zurückgeben. Daneben ist jede Natives Cooperative in der Lage, Boote auszuleihen oder dies zu vermitteln. Ein guter Anlaß, mit Indianern und Inuit ins Gespräch zu kommen! Und schließlich finden sich überall die gewerblichen Unternehmer. Wer als Outfitter oder Guide geführte Touren veranstaltet, verleiht auch Boote an Reisende, die auf eigene Faust losfahren möchten.

Man sollte sich nicht darauf verlassen, irgendwo preiswert ein Boot kaufen zu können — es sei denn zum Saisonende oder weit vor Beginn. Dann kann man mühelos für 100-150 Dollar einen guten gebrauchten Zweisitzer bekommen. Angesichts der hohen Mieten ist zu überlegen, ob sich der Kauf eines neuen Bootes mit anschließendem günstigen Weiterverkauf (zur Saisonmitte?) nicht eher lohnt. Jeder Eisenwarenhändler und alle Kaufhäuser, nicht nur die HBC, bieten im Sommer fabrikneue Boote an. Ihre Länge wird mit ,,Fuß" bezeichnet. Der normale Wanderzweier hat 19 Fuß, für eine Person mit Gepäck reichen 17 Fuß aus. Je nach Hersteller gibt es sie zu stark unterschiedlichen Preisen. Am günstigsten ist Woolworth, wo der 17-Fuß-Kanadier unter 500 Can$ zu haben ist.

Verkaufen kann man das Boot am Ende seiner Reise an andere Reisende auf dem Campground, über Kleinanzeigen in Zeitung oder Rundfunk oder über den Zettel an der Anschlagfläche, die es in jedem Postamt oder Kaufhaus gibt. Eine ebenso zweckmäßige wie kostengünstige Lösung ist, sich ein zusammenfaltbares oder ein aufblasbares Boot im Reisegepäck mitzubringen. Wer ein Faltboot oder auch ein aufblasbares Kanu besitzt, sollte sich überlegen, ob er es mitnehmen kann. Denn die Begrenzung des Reisegepäcks und die drakonischen Aufschläge der Fluggesellschaften lassen diesen Ausweg nicht immer zu. Dabei ist gerade dies der einzig sichere Weg, sein Boot auch im Buschflugzeug unterzubringen.

Reisen im Land / **Buschtaxi**

Die Rolle des Taxis fällt im hohen Norden dem Buschflugzeug zu. Man findet selbst im letzten Dorf am Rande der Wildnis noch ein Mietflugzeug.

Gestartet und gelandet wird im Sommer mit Schwimm- und im Winter mit Schneekufen auf jedem Gewässer, wenn es nur groß genug ist. Unter all den vielen fliegenden Unterstätzen gibt es jeden Typ und jede Fabrikmarke, durchgesetzt haben sich zwei Standardmaschinen für den Buschflug, die kleinere Cessna 180/185 für zwei Flugpassagiere und Gepäck, sowie die Beaver für vier Passagiere und ihre Habe. Die dabei entstehenden Kosten kann man einigermaßen genau vorher überschlagen. Abgerechnet wird nach Flugmeilen (nicht km!) Es empfiehlt sich, vorher gut zu halbieren. Gerechnet wird die genaue Entfernung in Luftlinie und Meilen, und zwar doppelt! Denn der Leerflug zurück muß ja mitbezahlt werden, und das wird dann multipliziert mit dem Grundpreis von ca. 2 bzw. 4,24 Can$ (Baver) pro Meile. Hoch im Norden muß man 10 % höhere Kosten kalkulieren. Bezahlt wird grundsätzlich vor Antritt des Fluges die nach den o. a. Grundsätzen berechnete Summe, die pro Flugzeug gültig ist. Kommt der Flug nicht zustande, braucht man für den zweiten Flug nicht gesondert zu zahlen. Er wird ohne neuerliche Kosten wiederholt, wenn der Pilot aus eigenem Entschluß gestartet war, aber aus irgendwelchen Gründen umkehren mußte, die nicht zu Lasten der Passagiere gehen. Und da die Entfernungen in der weiten nordischen Region von Anfängern oft unterschätzt werden, sei noch ausdrücklich darauf hingewiesen, daß man nur dann preiswert fliegt, wenn man den zum Ziel nächstgelegenen Abflugort aufsucht und dort den Buschpiloten anheuert. Das Fluggepäck ist wegen des geringen Stauraumes vorher möglichst kleingestückelt zu verpacken. Sperriges Gepäck außenbord mitzunehmen, wird selten gelingen. Die Beeinträchtigung der Flugeigenschaften ist zu groß, und die Versicherung zahlt im Falle eines Unfalls nicht bei Mitnahme von Außenlast.

Reisen im Land / **Eisenbahnverbindungen**

Die wenigen Eisenbahnlinien in Kanada sind Privatunternehmen. Und in Kanada handelt es sich eigentlich nur um die durchgehende Ost-Westverbindung zwisch Halifax am Atlantik und Vancouver am Pazifik. Mehrere regionale Unternehmen bedienen noch einige Nord-Süd-Abzweigungen, von denen hier die BC-Railway interessiert, die zwischen Vancouver, Prince Rupert und Jasper/Banff Personen befördert.

Reisen im Land 125

	mind. gültig	CANRAILPASS	YOUTH* CAINRAILPASS
ges. Streckennetz (max. 30 Tage)	15 Tage	299/9	239/5
zwischen Winnipeg und Atlantik (max. 15 Tage)	8 Tage	189/9	159/5
zwischen Winnipeg und Pazifik (max. 15 Tage)	8 Tage	199/9	169/5
Maritime, Nova Scotia, Prince Edward Island, New Brunswick (max. 15 Tage)	8 Tage	99/9	69/5

Die Preise hinter dem Schrägstrich verstehen sich pro Verlängerungstag.
*Der YOUTHCANRAILPASS ist gültig für Jugendliche von 12-24 Jahren. Kinder unter 12 Jahren zahlen die Hälfte des Erwachsenenpreises.

Die Unterscheidung in verschiedene Gesellschaften ist für den Reisenden unbedeutend, da der Personenverkehr über die übergeordnete Gesellschaft VIA Rail Canada Inc., 2 Place Ville-Marie, Montréal (Québec) H3B 2G6, organisiert wird.
Für das kanadische Streckennetz gibt es für Touristen interessante Netzkarten, die eine ausgiebige Rundreise preiswert möglich machen.
Eingehende Informationen sowie den gewünschten Railpass bekommt man bei folgenden Generalvertretungen in Europa:
BR Deutschland: Canada Reisedienst, Rathausplatz 2, 2070 Ahrensburg, Tel. 0 41 02/5 11 67 oder Gabelsberger Str. 52, 8000 München 2, Tel. 0 89/52 60 71.
Schweiz: T.C.S. Reisen, 9 rue Pierre Fatio, CH-1211 Genf 3, Tel. 0 22/37 13 96.
Österreich: In Österreich gibt es keine Generalvertretung, Reisende müssen eine der drei o. a. Anschriften nutzen. In jeder der drei angeführten Geschäftsstellen kann der Railpass sofort gegen Bezahlung mitgenommen werden.

Reisen im Land / **Flugpaß**

Fliegen ist angesichts der für uns Europäer ungewohnt weiten Entfernungen von Ort zu Ort in Nordamerika oft eine Notwendigkeit. Da stößt es einem bitter auf, daß innerhalb Kanadas durch staatliche Reglementierung ein ungemein teures Flugkartell die Hochpreise bestimmt. Zu beachten ist allerdings, daß es sehr viel preiswerter ist, Flüge des kanadischen Inlandnetzes schon in Europa zu buchen.

Daneben gibt es Rundflugvergünstigungen, die einem die Sache sehr verbilligen. Sie sind ähnlich wie der VIA-Canrail-Pass *(→Eisenbahnverbindungen)* angelegt. Da die Bedingungen ständig wechseln, sei hier nur beispielhaft der „Atlantic Canadapass" von Air Nova, einem Partner von Air Canada, angeführt.

Mit dem Paß kann man die Airports der vier Atlantikprovinzen Kanadas anfliegen, im Dreieck zwischen Goose Bay (Labrador) im Norden, Fredericton (New Brunswick) im Süden und St. John's (Newfoundland) im Osten.

Die Preise sind nach Zahl der gewünschten Landungen gestaffelt. Sechs Städte sind z. B. für 399 Can$ zu haben, was bedeutet, daß man zu diesem Preis die drei oben genannten sowie drei andere Städte innerhalb des Dreiecks „spottbillig" besuchen kann. Oder anders ausgedrückt: Die beträchtlichen Entfernungen sind für durchschnittlich rund 100 DM pro Flug von Stadt zu Stadt zu bewältigen!

Wer preiswert fliegen will, muß sich also rechtzeitig in Europa nach diesen Sonderbedingungen erkundigen.

Reisen im Land / **Greyhound-Bus**

In Nordamerika ist der Greyhound-Bus das einzige Verkehrsmittel, mit dem man über Land von Stadt zu Stadt kommt. Eisenbahnlinien gibt es viel zu wenige, und eine Stadt, die nicht vom Bussystem erfaßt wird, kann nur mit einem privaten Fahrzeug — oder gegebenenfalls dem Flugzeug — erreicht werden.

Obwohl die Greyhound-Busse in den USA und Kanada gleich aussehen, sind die jeweiligen Gesellschaften unabhängig voneinander, ja sogar hoffnungslos zerstritten. Ursache ist ein seit zwei Jahren andauernder Arbeitskampf der US-Gesellschaft, von dem die Busreisenden aber kaum noch etwas merken. Sämtliche Busse der USA-Gesellschaft Greyhound werden von Streikbrechern gefahren, denn die Firma hat seinerzeit alle Streikenden gefeuert. In den USA sind alle Linien voll in Betrieb. Nicht so hinüber nach Kanada. Deren Greyhound-Gesellschaft ist gewerkschaftlich orientiert, die Busfahrer haben den Abbruch der Beziehungen zum Süden erzwungen und bedienen die Linien in die USA nicht mehr. Den

Bussen von den USA herauf, die auf den Linien Seattle — Vancouver, Chicago — Winnipeg und Montréal — Boston bzw. New York weiterhin nach Kanada fahren, wird der Zugang zu den Busterminals nicht mehr gestattet, und es werden keine Fahrkarten in die USA verkauft. In Winnipeg z. B. startet und endet die US-Linie am VIA Rail Bahnhof. Reisende müssen zum kanadischen Busterminal mit dem Taxi weiterfahren (2 km). Ärgerlicher ist, daß die kanadische Gesellschaft die frühere Zusammenarbeit mit der US-Gesellschaft auf allen anderen Gebieten ebenfalls eingestellt hat. Die europäischen Greyhound-Büros, früher von beiden Firmen gemeinsam betrieben, sind aufgelöst worden. Und in Kanada wird der Ameripass, das günstige Rundreiseticket, nicht mehr akzeptiert. Es kann nur auf den genannten drei Strecken noch mitbenutzt wrden, die von US-Bussen abgefahren werden. Wer also kostengünstig von Ost- nach Westkanada fahren will, muß dies südlich der kanadischen Grenze tun, z. B. von New York nach Seattle. Hierfür kann man die Ameripässe bei den Hauptbüros der DER erstehen. Sie kosten auf der neuen Basis weniger als früher:

4 Tage Geltungsdauer	135 DM
7 Tage Geltungsdauer	255 DM
15 Tage Geltungsdauer	360 DM
30 Tage Geltungsdauer	450 DM

Diese günstigen Preise gelten nur bei vorherigem Kauf in der BRD!!! Drüben gelten dieselben Preise in Dollar!
Die kanadische Gesellschaft bietet nur den 30-Tage-Pass an, er heißt Canadapass und ist in den kanadischen Großstadtterminals der Busgesellschaft für 400 Can$ zu haben. In Europa kann man die Canadapässe leider nicht kaufen.
Neben der Muttergesellschaft Greyhound Kanada gibt es regional andere Namen für die Busgesellschaften der Provinzen, die aber mehrheitlich zum Greyhound-Konzern gehören und daher den Canadapass akzeptieren. Das sind das „Yoyageur" für Québec, „SMT" für New Brunswick, „Terra Transport" für Newfoundland und „Acadian Line" für Nova Scotia. Wo neben diesen Gesellschaften noch Kleinunternehmen Buslinien zu entfernteren Kleinstädten aufrechterhalten, gelten weder Greyhound-Pass noch Greyhound-Tickets. Ebenso ist es in den Städten, wo eigene Nahverkehrsbusse den innerstädtischen Transit abwickeln.

Reisen im Land / **Highways**

Für das Wort „Highway" scheint "Überlandverbindung" eine halbwegs zutreffende Übersetzung zu sein, denn es handelt sich bei Highways stets um Durchgangsstraßen für den Fern- und Überlandverkehr, egal, in welchem Zustand sie sich befinden. Es kann sich dabei sehr wohl um eine Autobahn im europäischen Sinne handeln, aber auch um eine einfache zweispurige Schotterstraße mit einspurig zu überquerenden Brücken. Andere Bezeichnungen wie „Freeway" sagen nur aus, ob die Benutzung dieses Highways unentgeltlich ist oder ob er als „Turnpike", wörtlich: Schlagbaum, nur gegen Zahlung einer Mautgebühr benutzt werden kann, die an einer Kontrollstelle oder an der Auffahrt eingefordert wird. Tankstellen gibt es an jedem Highway genug, dennoch sollte man, sofern man keinen Reservekanister dabeihat, rechtzeitig, d. h. bei noch halbvollem Tank, Kraftstoff nachfüllen lassen. Kraftstoffe werden in fünf verschiedenen Bezeichnungen angeboten *(→Benzin).*

Restaurants

Die einfachen kanadischen Restaurants bieten preiswerte Speisen. Landesweit findet man Frühstücksangebote für 1,99 Can$, im feudalen Restaurant um die Ecke kostet es dann 8 Can$. Es umfaßt stets das nordamerikanische Einheitsfrühstück: zwei gebratene Eier mit Speckstreifen, Bratkartoffeln und zwei mit Butter bepinselte Toastscheiben. Kaffee in unbegrenzter Menge sowie das Körbchen mit den auch bei uns bekannten Kleinpackungen (Marmelade, Honig, Erdnußbutter) sind im Preis inbegriffen. Lunch und Dinner sind überall zwischen 5 und 8 Can$ zu haben, wobei nach oben hin die Grenzen offen sind. Man achte dabei auf zwei landesübliche Angebote: die Salatbar, eine oftmals üppige Angelegenheit mit vielen anderen Kleinigkeiten wie Suppen usw., für die man einmal bezahlt und sich dann so oft bedienen kann, wie man möchte; die Lunchangebote zum Einheitspreis: „all you can eat" für im Regelfall 5 Can$. Man darf sich dann beliebig oft an der ständig aufgefüllten Speisenbar selbst bedienen.

In Restaurants gibt es nur dann alkoholische Getränke, wenn sie als „full licenced" ausgezeichnet sind. Auf dem Land sind sie die einzig mögliche Alkoholquelle, aber zum Mitnehmen gibt es wieder nur in jenen Restaurants käufliche Alkoholika, die mit „Off sales" gekennzeichnet sind — denn für alles, was mit Alkohol zusammenhängt, muß man eine entsprechende Lizenz haben. Und da auch die Restaurants nur aus der allgemein zugänglichen Quelle des nächsten „Liquor Stores" schöpfen dürfen, sind deren Preise entsprechend hoch. Wegen der von Staat zu Staat unterschiedlichen Preisgestaltung und Verbrauchssteuern sei als Faustregel genannt, daß die Büchse Bier von 0,33 l im Restaurant etwa 3 Can$, im Liquor Store etwa 1 Can$ und im Off sale zwischen beiden Preisen liegt. Eine Flasche Wodka, der billigste „strong" im Lande, gibt es ab 20 Can$ im Liquor Store.

Saint John

Saint John ist eine bedeutende Hafenstadt und größtes wirtschaftliches Zentrum der Provinz New Brunswick. Die „größte Kleinstadt des Ostens" (gut 75 000 Einwohner), wie sich Saint John zu recht nennt, liegt auf der Landenge an der Mündung des Saint John River, den die Stadt wie mit den Zangen eines Hummers umfaßt. Das Zentrum liegt im Osten, auf der Halbinsel zwischen Fluß und Courtenay Bay.

Saint John / **Geschichte**

Obwohl Samuel de Champlain die Mündungsregion im Jahre 1604 eingehend erkundete, blieb sie in akadischen Zeiten unbesiedelt. Einige Handelsposten an der Küste wurden immer wieder nach kurzer Zeit von Piraten aus den südlichen Neuenglandprovinzen geplündert und zerstört. So blieb dieser wundervolle Naturhafen zunächst ungenutzt. Das änderte sich erst, als man sich in den neugegründeten USA über das Eigentum der englandtreuen Loyalisten hermachte, sie verfolgte und verjagte.

Am 18. Mai 1783 segelte eine ganze Flotte verfolgter Loyalisten, bestehend aus 7 Schiffen, auf der Suche nach einer neuen Heimat in die Flußmündung ein. Sie gründeten im wahrsten Sinne des Wortes über Nacht die heutige Stadt. 2000 Menschen sollen damals hier angelandet sein. Tausende weiterer folgten in den nächsten Jahren. Schon 1785 wurde Saint John als erste kanadische Stadt in aller Form durch königliche Urkunde konstituiert. Mit der Ankunft der Loyalisten begann eine stürmische Entwicklung zur Hafenstadt mit Schiffsbau, Handelsflotte und beträchtlichem Warenumschlag. Wenig später war der Hafen mit seiner nach Tonnage gemessenen Flotte der fünftgrößte der Welt.

Mit dem Zustrom der Iren in der Zeit um die Jahrhundertmitte erreichte die Stadt ihre heutigen Ausmaße. Danach stagnierte das Wachstum, und so blieb die Struktur der Gründerzeit weitgehend erhalten, soweit nicht Brände eingriffen.

Saint John / **Sehenswürdigkeiten**

Vier Wanderpfade, die durch das Stadtgebiet führen, erschließen dem Touristen die historischen Gebäude und Anlagen. Das älteste Wohngebäude liegt im Zentrum der Altstadt, das im schlichten georgischen Stil gehaltene *Loyalist House* von 1816. Nebenbei, im Anschluß an den King Square, liegt der ehemalige *Friedhof,* nun *Stadtpark,* in dem noch die alten Grabsteine aus dem Rasen ragen. Die *Prince William Street* mit ihren alten Gebäuden ist als Baudenkmal geschützt. Der historische *City Market* von 1876 dürfte der älteste seiner Art in Amerika sein, in dem noch immer unter Dach der Markt abgehalten wird, ein Vorläufer der heutigen Malls. Die imponierende *Saint John Stone Church* (1825) auf dem Hügel über der Altstadt war das erste Steingebäude, erbaut aus Ballastgestein, das mit den Schiffen aus England kam. Eine gelungene Komposition ist der moderne Market Square am Hafen. Unter Einbezug der Überreste alter Warenlager ist hier eine moderne Mall entstanden, die Altes mit Neuem vereinigt. Unter den vielen Läden unter Dach sticht besonders *Grannan's Fish House* hervor, das Gebälk des Fischrestaurants stammt aus dem Jahre 1855. In dem urigen Lokal schmeckt ein „Clam Shouder" mindestens nochmal so gut.

Zu den ganz alten Relikten gehört *Fort Howe,* ein Blockhaus aus dem Jahre 1777, in North Saint John an der Main Street mit schönem Blick auf den Hafen gelegen. Selbstverständlich wurde auch Samuel de Champlain nicht vergessen. Man setzte ihm ein Denkmal, und so schaut er heute sinnend auf die Stadt, an der Charlotte Street/Ecke Queen Square, im Süden der Altstadt. *Die* Attraktion von Saint John sind jedoch die *Reversing Falls,* ein Naturschauspiel, das auf die Auswirkung der Gezeiten in der Bay of Fundy zurückzuführen ist. Während der Ebbe stürzen die Wasser des Saint John River ca. 5 Meter über die Felsschwelle an der Engstelle im Hafen. Mit aufkommender Flut „ertrinkt" der Wasserfall — und schließlich strömt der Saint John River eine gute Stunde lang in entgegengesetzte Richtung — flußaufwärts! Man kann das am besten an der Brücke beobachten, mit der die NS-Route 100 an der Engstelle den Fluß überquert. Im Visitor Bureau (s. u.) erhält man das Gezeitenverzeichnis, damit man sich zur rechten Zeit einfinden kann.

Sehenswerte Museen sind das *Militärmuseum,* das im Carleton Martello Tower, einer restaurierten Befestigungsanlage, untergebracht ist (Fundy Drive at Whipple Street, Tel. (5 06) 6 48-40 11), und das *New Brunswick Museum.* Es ist das älteste Museum Kanadas und liegt etwas außerhalb des Zentrums (277 Douglas Ave).

Saint John / **Praktische Informationen**

Bahnhof: Die VIA Rail Station liegt im Norden im Tal, direkt unterhalb der Autobahn NB-Route Nr. 1; 125 Station Street, Saint John NB E2L 4X4. Der Bahnhof ist nicht mit einem Nahverkehrsbus zu erreichen, liegt aber nur 500 m vom Busterminal und 200 m vom YMCA-Haus entfernt.

Busverbindungen: Der SMT Terminal der Überlandbusse liegt 360 Union Street, Box 6910 Station A, Saint John, NB E2L 4S3, Tel. (5 06) 6 58-65 65. Er befindet sich im Zentrum.

Saint John Transit verbindet die Vororte mit der Innenstadt, die Busse treffen sich am Kings Square. Von Fredericton folgt der Trans Canada Highway weiterhin dem Fluß, aber auf der anderen Flußseite, im Norden. Über die Seenplatte des Grand Lake, einem „Bodensee" mit zahlreichen Buchten und Nebenseen, führt er dann nach Osten, nach Moncton und Nova Scotia sowie mittels der Fährverbindungen nach Prince Edward Island.

Flughafen: Der Flughafen Saint John-Airport, liegt 4180 Loch Lommond Road, Saint John, NB E2N 1L7, ca. 15 km östlich des Zentrums und ist mit diesem durch die Buslinie 22 verbunden.

Golf: Riverside Country Club, Tel. (5 06) 8 47-75 45. Rockwood Park Golf Club, Tel. (5 06) 6 58-29 33. Westfield Golf & Country Club, Tel. (5 06) 7 57-22 50.

Informationen: Visitor and Convention Bureau, P.O. Box 1971, Saint John, NB E2L 4L1, Tel. (5 06) 6 58-29 90. Man findet es im 11. Stock des Rathauses an der King Street, nahe dem Hafen.

Unterkunft
Bed & Breakfast: „Cranberry's B & B", 168 King Street, Saint John, NB E2L 1H1, ganzjährig geöffnet, EZ/DZ 40/45 Can$.
„Dufferin Hall B & B", 357 Dufferin Row, Saint John, NB E2M 2J7, ganzjährig geöffnet, EZ/DZ 55/60 Can$, Nebensaison 32/37 Can$.
„Five Chimneys Bed & Breakfast", 238 Charlotte St. West, Saint John, NB E2M 1Y3, ganzjährig geöffnet, EZ/DZ 40/45 Can$.
Campingplätze: „Rockwood Park", Box 7023, Saint John, NB E2L 4S4, Tel. (5 06) 6 52-40 50, 50 Plätze.
„Seaside Tent & Trailer Park, St. Martins E0G, 2Z0, Tel. (5 06) 8 33-44 13, 30 km nordöstlich des Flughafens gelegen, 75 Plätze.
Hotels/Motels: „Anchor Light Motel", 1989 Manawagonish Road, Saint John, NB E2M 5H6, Tel. (5 06) 6 72-99 72, 15 Zimmer, EZ/DZ 29/36 Can$, in der Nebensaison 25/32 Can$.
„Colonial Inn", 175 City Road, Box 2149, Saint John, NB E2L 3T5, Tel. (5 06) 6 52-30 00, 96 Zimmer, EZ/DZ 68/74 Can$.
„Hillcrest Motel", 1315 Manawagonish Road, Saint John, NB E2M 3X8, Tel. (5 06) 6 72-53 10, 10 Zimmer, EZ/DZ 40/46 Can$.
„Howard Johnson Hotel", 400 Main Street, Chesley Drive, Saint John, NB E2K 4N5, Tel. (5 06) 6 42-26 22, 100 Zimmer, EZ/DZ 84/94 Can$, in der Nebensaison 59/69 Can$.
„Seacoast Motel", 1441 Manawagonish Road, Saint John, NB E2M 3X1, Tel. (5 06) 6 72-64 42, 13 Zimmer, EZ/DZ 45/55 Can$.
Wohnheim: „Saint John YWCA/YMCA", 19-25 Hazen Avenue, Saint John, NB E2L 3G6, Tel. (5 06) 6 52-47 20, liegt auf der Höhe der Altstadt oberhalb des Bahnhofs. Eine Jugendherberge gibt es nicht.

Schußwaffenkauf

Im Gegensatz zu manchen Annahmen ist es in Kanada nicht möglich, einfach eine Waffe zu kaufen. Selbst Jagdwaffen bekommt man nur gegen Vorlage eines Erwerbsscheines — und dann durch Zusendung der Waffe an die Heimatadresse!
Wer das dennoch nutzen möchte, muß sich von zu Hause ein polizeiliches Führungszeugnis — amtlich beglaubigte Übersetzung! — mitbringen. Damit erhält man bei der Polizei des Kaufortes gegen Antrag die

Erwerbskarte, die für fünf Jahre ausgestellt wird. Munition hingegen kann man beliebig viel und ohne irgendeine Erlaubnis kaufen. Sie ist im Durchschnitt doppelt so teuer wie in Europa, ausgenommen die 0.22er. Die kauft man besser drüben.

Städtische Straßensysteme

Die Ortschaften und Städte in Kanada zeigen ein einheitliches Straßenbild, das sich immer wiederholt. Der Fremde tut gut daran, sich die folgenden drei Grundregeln genau einzuprägen. Dann ist in (fast) allen Orten das Zurechtfinden kein Problem.

Faustregel Nr. 1: Alle „Avenues" verlaufen parallel zueinander in derselben Richtung, alle „Streets" kreuzen die Linien der Avenues. Daraus ergibt sich ein typisches Rastersystem. Dabei ist es unerheblich, in welcher Himmelsrichtung es angelegt ist, Avenues verlaufen immer parallel zu Avenues.

Faustregel Nr. 2: Die Numerierung der Avenues und Streets beginnt am Stadtrand mit der 1st Avenue bzw. 1st Street. Sie sind dann fortlaufend numeriert bis zum jenseitigen Stadtrand. Manchmal fängt die Numerierung statt mit 1 mit 101 an. Die ersten hundert Nummern gibt es dann einfach nicht.

Gelegentlich wird eine Straße mit einem Eigennamen benannt. In diesem Fall wird die zutreffende Zahl der Durchnumerierung übersprungen. In Großstädten wird die zentral verlaufende Hauptstraße nochmals zur Orientierungshilfe eingesetzt. Das bekannteste Beispiel dürfte die „Fifth Avenue" in New York sein. Von ihr aus werden die Streets zusätzlich unterteilt, und auch die Hausnummern richten sich danach. Die Anschriften lauten dann „W. 1st Street" und E. 1st Street", wobei die beiden Abkürzungen für west- bzw. ostwärts der Fifth Avenue stehen.

Faustregel Nr. 3: Hausnummern folgen dem Straßenraster, sind also blockweise ausgegeben und beginnen an jeder Kreuzung neu — aber mit vorgesetzter Straßennummer. Das ergibt eine weitere zuverlässige Orientierungshilfe und erlaubt, an der Hausnummer genau zu erkennen, wo ein Haus zu suchen ist. Den Unkundigen kann diese Eigentümlichkeit aber auch in die Irre führen. Das Haus Nr. 4101 findet man nicht als viertausendstes weit draußen am Stadtrand, sondern als 1. Haus hinter der 41st Street, im Block zur 42nd Street hin. Um beim Beispiel New York zu bleiben, dann liegt sie mitten in Manhatten, als Anschrift geschrieben: 4101-5th Avenue.

St. John's

St. John's (84 000 Einwohner) ist die Hauptstadt der Provinz Newfoundland. Es verdankt seine Entstehung der strategisch günstigen Lage und dem geschützten Hafenbecken an der Mündung des Waterford River, das für die vom Atlantik sturmzerzaust heransegelnden Holzschiffe schon früh ein erster Anlaufpunkt im Osten Newfoundlands war. Das gleich einer Banane nach Süden ins Inland gekrümmte Becken von St. John's Harbour, so auch der ursprüngliche Name der Stadt, gab ein ruhiges Liegewasser ab, und der die Hafeneinfahrt „The Narrows" überwachende mächtige Hügel „Signal Hill", bald mit Festungsanlagen und Kanonen bewehrt, sicherte den Hafen gegen Piraten und Feinde. Heute ist die Anlage als *National Historic Site* unter Schutz gestellt und gibt als Freilichtmuseum ein anschauliches Bild von vergangenen Zeiten. Die Festung war Schauplatz der langanhaltenden Auseinandersetzung zwischen Frankreich und England. Sie war 1669, 1705, 1708 und 1762 heftig umkämpft und fiel schließlich 1762 auf verblüffend ähnliche Weise wie zuvor Québec. So wie dort der britische General Wolfe die mächtige Festung im Handstreich nahm, so umging auch Colonel Amherst Signal Hill und die Kanonen der Verteidigungsanlage am Quidi Vidi Lake. Er landete seine Truppen am 13. September 1762 nördlich von St. John's in Torbay und hatte damit die Schlacht schon vor ihrem Beginn entschieden.

Sieht man von den wenigen Hochhäusern am Hafenrand von Downtown, dem Zentrum, ab, so wirkt die älteste Hafenstadt von Nordamerika eher ländlich. Ihre Wohnviertel sind weit gestreckt, die Häuser lose in die Landschaft gestreut, ihre Dächer werden nur von den beiden eindrucksvollen weißen Türmen der anglikanischen Basilika *St. John Baptist* überragt. Im Norden des Zentrums, das den verheerenden Brand von 1882 unverändert überstanden hat, liegt zu Füßen des weitläufigen *C.A. Pippy Parks* die *Memorial University of Newfoundland.* Sie existiert erst seit 1949 und wurde 1961 auf diesem Campus angelegt. Sie teilt sich das Gelände mit dem *Arts & Culture Centre,* das 1967 hinzugefügt wurde. Es ist das umfassende Kunst- und Kulturzentrum der Stadt und beherbergt Theater- und Konzertsäle, Museen und Kunstausstellungen.

Ostwärts der Universität schließt sich am Prince Philip Drive das *Confederation Building* an. Es wurde 1960 eröffnet, und hier sind Regierung und Verwaltung der Provinz untergebracht. An der Kings Bridge Road steht das *Commissariat House,* ein Haus aus dem Jahr 1818, das im damaligen — georgianischen — Stil erbaut und möbliert wurde. Wächter in historischen Kostümen führen durchs Gebäude.

Das *Colonial Building* an der Military Road war von 1850 bis 1960 Sitz der Regierung. In eigens aus Cork in Irland importiertem weißem Sandstein wurde das Gebäude errichtet, das heute die historischen Dokumente und das Staatsarchiv beherbergt. Besucher sind hier willkommen, der Eintritt ist frei.

Das *Newfoundland Museum* an der Duckworth Street bewahrt die historischen Erinnerungsstücke und Funde aus der 900jährigen Siedlungsgeschichte Newfoundlands, darunter die bereits genannten Relikte der Beothuk-Kultur. Auch hier gilt: Der Eintritt ist frei, wie übrigens bei allen angeführten Sehenswürdigkeiten der Stadt! Und für den, der es martialischer liebt: Auf dem *Signal Hill National Historic Park,* auf dem Berg zwischen Atlantik und Hafen, steht die *Queen's Battery* von 1796. Von Mitte Juli bis Ende August wird mit dem „Signal Hill Tattoo" die Schlacht von 1762 in historischen Kostümen nachgespielt. Außerdem findet der Interessierte hier in einer der alten Kasernen, damals schon zum Hospital umgebaut, den Ort, wo Marconi am 12. Dezember 1901 das erste drahtlose Funktelegramm aufnahm und so die Funktionstüchtigkeit seiner Erfindung nachwies: Man konnte von Europa nach Amerika funken, die teuren Atlantikkabel waren entbehrlich.

Der Aussichtstum *Cabot Tower* wurde 1897 zur vierhundertjährigen Wiederkehr des Tages seiner Ankunft in Newfoundland errichtet und überragt heute Signal Hill, der dem Namen entsprechend anfangs als Signalpunkt für das Heranlotsen der Segler diente. Die zweite Kanonenanlage am *Quidi Vidi Lake,* den gleichnamigen Stadtteil überragend, war ebenfalls ursprünglich eine französische Verteidigungsanlage. Studenten in den historischen Uniformen der britischen Royal Artillerie führen im Sommer durch die Anlage. An der Water Street East, der ältesten Straße Nordamerikas, liegt das *Provincial War Museum.* Es hält mit zahlreichen

Beutestücken und Erklärungen die Erinnerung an all die Kriegsschauplätze wach, auf denen Newfies für England kämpften und starben. Hier, genau an diesem Punkt, soll 1583 Sir Humphrey Gilbert Straße und Stadt gegründet haben. Eine Gedenktafel am Museum erinnert daran.

Im Sommerhalbjahr — und nicht nur dann — ist in St. John's immer etwas los, meist ihm erwähnten Arts & Culture Centre. Hier seien nur die drei wichtigsten Veranstaltungen des Jahres beispielhaft erwähnt.

St. John's Day Celebration: ein 10tägiges Volksfest mit Paraden, Musikfestival, Segel- und Surfregatten sowie ethnisch-kulturellen Darbietungen.

St. John's Regatta: erster Mittwoch im August, Nordamerikas ältestes und berühmtestes Yachtrennen auf dem Quidi Vidi Lake. Vergleichbar mit der „Kieler Woche".

Newfoundland and Labrador Annual Folk Festival: erstes Augustwochenende, ein Landestreffen der Volksmusiker, Volkstänzer und Volksgeschichtenerzähler.

St. John's / **Unterkunft**

Campingplätze: „The Holdin'Ground Trailer Park", P.O. Box 8515, St. John's, NF A1B 3N9, Tel. (7 09) 3 68-38 81, 60 Stellplätze ab 9 Can$. Der Campground liegt außerhalb, westlich der Stadt, unmittelbar an der Kreuzung des Trans Canada Highways mit der NF-Route 60, im Vorort Donovans.

„Pippy Park Trailer Park", P.O. Box 8861, St. John's, NF A1B 3T2, Tel. (7 09) 7 37-36 69, 132 Stellplätze und 24 Zeltplätze, ab 10 bzw. 5 Can$. Der Platz befindet sich nördlich des Zentrums, nahe dem Confederation Building und der Universität, Nagles Place/Ecke Allandale Road. Am besten ist er über den Prince Phillip Parkway zu erreichen.

Hotels/Motels/Bed & Breakfast: „Sea Flow Tourist Home", 53-55 William Street, St. John's, NF A1C 2S3, Tel. (7 09) 7 53-24 25, 4 Zimmer, 20 Can$, mit Küchenbenutzung, zentral gelegen.

„Bird Island Guest Home", 150 Old Topsail Road, St. John's, NF A1E 2B1, Tel. (7 09) 7 53-48 50, 2 Zimmer, 30 Can$.

„Fireside Guest Home", 28 Wicklow Street, St. John's, NF A1B 3H2, Tel. (7 09) 7 26-02 37, 2 Zimmer, 30 Can$.

„Parkview Inn", 118 Military Road, St. John's, NF A1C 5N9, Tel. (7 09) 7 53-26 71, 15 Zimmer, ab 25 Can$.

„Prescott Inn Bed & Breakfast", 17 u. 19 Military Road (2 Häuser nebeneinander).
„St. John's", NF A1C 2C3, Tel. (7 09) 7 53-60 36, 5 Zimmer, 39 Can$, Frühstück inbegriffen, nur für Nichtraucher, zentral am Hafen gelegen.
„Kenmount Motel", 389 Elizabeth Avenue, St. John's, NF A1B 1V1, Tel. (7 09) 7 26-00 92, 37 Zimmer, ab 40 Can$.
„1st City Motel", 479 Kenmount Road, St. John's, NF A1B 3P9, Tel. (7 09) 7 22-54 00, 32 Zimmer, ab 40 Can$.
Außerdem gibt es 10 weitere Hotels/Motels von 50 bis 135 Can$ pro Übernachtung.
In St. John's gibt es keine Jugendherberge. Die einzige Newfoundlands befindet sich in Eastport. Häuser der YMCA/YWCA gibt es auf Newfoundland keine.

St. Lawrence River

Unter den zahllosen Fließgewässern Kanadas ist der St. Lawrence River der wirtschaftlich bedeutendste. Eigentlich ist er noch nicht einmal ein Fluß im herkömmlichen Sinne. Er ist nur die Abflußrinne der gewaltigen Binnenmeere, der fünf Großen Seen, die zwischen USA und Ontario die Flüsse und Bäche in einer gewaltigen Senke auffangen. In Stufen von See zu See abfallend, sucht sich das überschüssige Wasser einen Weg aus dem Land, das es schließlich in der Senke zwischen dem nördlichen präkambrischen Schild und den südlichen Appalachen findet. Unterwegs nimmt er noch viele weitere Flüsse auf, und die Wassermassen dehnen sich nach Osten zum Strom aus, der im Mündungstrichter von nunmehr 150 km Breite die mächtige, 200 km lange Insel Anticosti umspült, ehe er sich im riesigen Becken des Gulf of St. Lawrence mit dem Atlantik verbindet. Der Fischreichtum in den Brackwassern und den Festlandsausläufern der Bänke im Golf galt einst als unerschöpflich. Das war ein Irrtum, denn die Fische sind mittlerweile nahezu ausgerottet. Was verblieb, darf wegen des hohen Giftanteiles im Flußwasser nicht mehr auf Kanadas Tische kommen — die Regierung erlaubt nur den Export.
Die eigentliche Bedeutung des Stromes liegt in seiner Nutzung als Hauptverkehrsader des Landes. Der ausgebaute St. Lawrence-Seeweg erlaubt Hochseefrachten bis zu 25 000 Bruttoregistertonnen die Fahrt bis ins hin-

terste Ende des letzten der Großen Seen. Zu diesem Zweck mußten einige Gebirgsschwellen durch Kanalbauten gangbar gemacht und gewaltige Hebewerke samt Schleusen gebaut werden, um die Schiffe bis auf das Niveau des Lake Superior zu heben. Dadurch ist der St. Lawrence River heute von größerer Bedeutung für den Frachtverkehr als Suez- und Panamakanal.

Strom

In Kanada gibt es ausschließlich Wechselstrom von 110 Volt Spannung und 60 Hz, im Gegensatz zum europäischen System von 220 Volt und 50 Hz.
Für den Anschluß an eine Steckdose benötigt man einen Zwischenstecker, der als „Amerikastecker" im Fachhandel zu bekommen ist. Damit wird aber nur der Stromanschluß an die andersartigen Steckdosen möglich gemacht. Das elektrische Gerät muß noch auf 110 Volt umgeschaltet werden. Wo das nicht vorgesehen ist — z. B. beim Wohnmobil — benötigt man auch einen Transformator. Auch diesen bekommt man im europäischen Fachhandel.

Telefonieren

Post und Telefongesellschaft haben in Kanada nichts miteinander zu tun. Weit über tausend private Unternehmen teilen sich den Telefonmarkt. Von den sogenannten „Pay Phones", den aluminiumfarbigen Münztelefonen, kann man problemlos Ortsgespräche (local calls) führen. Problematischer wird es da schon bei Ferngesprächen (long distance calls), da die Telefone nur 25-Cent-Münzen aufnehmen, und man deshalb schon ein prall gefülltes Portemonnaie haben sollte. Solche Telefonate kann man allerdings auch als R-Gespräch (collect call — der Angerufene zahlt) oder als Gespräch mit Voranmeldung (person-to-person-call) führen. In solchen Fällen wählt man die „0" und läßt das Gespräch über den Operator vermitteln. Bei Auslandsgesprächen wählt man dieselbe Nummer und verlangt den Overseas Operator, der dann weiterverbindet.
Direkte Durchwahl nach Europa ist von manchen Hotels und vielen Privatapparaten möglich.

Vorwahl Bundesrepublik Deutschland: 0 11 49; Österreich: 0 11 43; Schweiz: 0 11 41. Nach dieser Vorwahl wählt man die Ortsvorwahl ohne Null und danach die Teilnehmernummer.

Für die gebührenfreie Reservierung von Hotels, Mietwagen etc. oder die Einholung von Informationen bei Touristenbüros gibt es spezielle Rufnummern mit der Vorwahl 8 00.

Telegramme / Geldüberweisungen

In Kanada nehmen die örtlichen Büros der Canadian Pacific Railway Corporation sowie die der Canadian National Railway Corporation Telegramme auf.

Ein Telegramm nach Europa — und umgekehrt — benötigt etwa drei Tage bis zum Empfänger!

Telegrafische Geldüberweisungen lassen sich über die genannten Büros der Eisenbahnen abwickeln.

Temperatur

Temperaturen werden in Kanada in Celsius gemessen. Ebenso oft ist aber auch noch die Maßeinheit nach Fahrenheit in Gebrauch. Beim Ablesen der Thermometer macht das wenig aus, sie sind durchweg mit beiden Einheiten ausgestattet. Wer aber umrechnen muß, tut sich schwer. Bei der Meßskala nach Fahrenheit kocht Wasser bis 212 °C, aber es gefriert erst bei 32 °C minus.

Celsiusgrade: 0,55 plus 32 = Fahrenheitsgrade.
Fahrenheitsgrade — 32 und danach x 0,55 = Celsiusgrade.
Beispielrechnung der tiefsten in Kanada je gemessenen Temperatur:
— 72 Grad Celsius: 0,55 = 130,9 + 32 = 162,9 Grad Fahrenheit;
162,9 Grad Fahrenheit — 32 = 130,9 x 0,55 = 72 Grad Celsius.

Terra Nova National Park

Der Terra Nova National Park umfaßt rund 400 qkm Gebirksküste sowie die gesamte gleichnamige Halbinsel, die in das Südende der Bonavista Bay von Newfoundland hinausgreift. Die mittelgebirgsähnliche Landschaft ist stark gegliedert, waldtälerdurchzogen und fällt mit Steilküsten bis zu 300 m ins Meer ab. Der voll erschlossene Nationalpark wird in der Mitte vom Trans Canada Highway durchquert, 56 Fahrkilometer von Port Blandfort im Süden bis Glovertown im Norden. In beiden Orten befindet sich je ein Informationszentrum der Parkverwaltung, wo man sich über die zahlreichen Unternehmungen und Programme der Parkranger unterrichten lassen kann.

Von den insgesamt sieben Campingplätzen des Parkes sind zwei nur zu Fuß über Wanderpfade und zwei weitere nur mit dem Boot erreichbar. Zwei sehr komfortable Plätze der Parkverwaltung im Highway („Newman Sound Campground", 400 Stellplätze, beheizte Waschräume, Waschautomaten, Kaufladen usw.) und an der NF Route Nr. 310 („Malady Head Campground", 165 Stellplätze) sind kostenpflichtig: 8 bzw. 5,50 Can$. Der erste ist ganzjährig, also auch im Winter geöffnet — und dann kostenlos zu nutzen.

Golfplatz, Segelboot- und Kanuverleih ermöglichen zusätzliche Aktivitäten neben der gesamten Palette der Outdoorunternehmungen bis hin zum Sportfischen auf hoher See draußen in der Bonavista Bay.

Informationen: Superintendent Terra Nova National Park, Glovertown, NF A0G 2L0, Tel. (7 09) 5 33-28 01.

Trinkgeld

Was Trinkgelder angeht, muß der Mitteleuropäer erheblich umdenken. Selbst im „Sozialstaat" Kanada erhält das Bedienungspersonal in Restaurants und Hotels entweder überhaupt kein Gehalt oder nur ein unbedeutendes Grundgehalt. Außerdem sind Bedienungsgelder nie in der Rechnung enthalten! Der Restaurant- oder Hotelgast soll sie zusätzlich und freiwillig, der erhaltenen Leistung angemessen, entrichten. Landesüblich hinterläßt man stillschweigend etwa 10 % der Rechnungssumme unter dem Teller oder legt es sofort dem Servierpersonal hin. Denn bezahlt wird meist an der zentralen Kasse.

Aus diesem Grund enthält der Abrechnungszettel eines jeden Kreditkartenunternehmens eine entsprechende Rubrik für den bargeldlosen Zahler. Wer das Trinkgeld nicht bar gibt, kann den entsprechenden Betrag auf der Abrechnung eintragen und dem Rechnungsbetrag zurechnen. Daher ist auch die Gesamtsumme bei diesen Zetteln offen.

Eine einzige Abweichung von der beschriebenen Regel gibt es aber doch: die Selbstbedienungsrestaurants der Mac-King-Burger und Co. Hier wird weder Trinkgeld gegeben noch erwartet. Das Personal arbeitet gegen Gehalt. Entsprechend höher sind die Preise gegenüber denen anderer einfacher Restaurants.

Unterkunft

Bed & Breakfast: Immer beliebter wird in Kanada diese Übernachtungsmöglichkeit, bei der man interessante Kontakte knüpfen kann oder sogar Familienanschluß hat. Allerdings gibt es auch B & B-Häuser, die ähnlich wie unsere Pensionen geführt werden und nicht den ursprünglich intimen Rahmen haben. Die Preise für ein Zimmer variieren natürlich auch hier sehr stark. In der Regel kostet ein Einzelzimmer 25 bis 35 Can$ und ein Doppelzimmer 40 bis 50 Can$. Das Frühstück ist meist inbegriffen, wird manchmal aber auch mit 4 bis 5 Can$ extra berechnet. Oft kann man in den Häusern auch weitere Mahlzeiten bekommen oder sogar an den Mahlzeiten der Gastgeber teilnehmen. Informationen und Listen über B & B erhält man bei den Informationsbüros der jeweiligen Provinz (→dort).

Campingplätze: → *Camping*

Jugendherbergen: Die Jugendherbergen (Youth Hostels) sind in Kanada immer noch die preiswerteste Möglichkeit zu übernachten, sie sind nur nicht besonders zahlreich vertreten. Mit einem internationalen Jugendherbergsausweis kann man dort für 5 bis 15 Can$ übernachten. Informationen und Verzeichnisse zur Canadian Hostelling Association erhält man bei den Jugendherbergsverbänden zu Hause oder bei: The Canadian Hostelling Association, 333 River Road, Vanier City, Ottawa, Ont., K1L 8B9. Ähnliche Unterkünfte sind die YMCA- bzw. YWCA-Herbergen, die in jeder größeren Stadt vertreten sind. Sie erreichen oft Hotelstandard und sind teurer als Jugendherbergen (Einzelzimmer zwischen 20 und 28 Can$). Das Gesamtverzeichnis ist anzufordern bei: Central YMCA, 20 Grosvenor St., Toronto, M4Y 1A8.

Hotels/Motels: In Kanada wird man wirklich keine Schwierigkeiten haben, Hotels oder Motels zu finden. Sie sind in der Regel dem nordamerikanischen Standard entsprechend gut ausgestattet. Die Preise bewegen sich zwischen 40 und 70 Can$ in kleineren Ortschaften und zwischen

70 und 150 Can$ pro Nacht in größeren Zentren, wobei man sicher auch noch preiswertere Unterkünfte finden kann, und die Grenzen nach oben natürlich offen sind. Die Preise sind nicht wie bei uns als Einzelzimmer- oder Doppelzimmerpreise zu verstehen, sondern der sogenannte Einzelzimmerpreis ist die Raummiete, zu der pro zusätzlicher Person mindestens 5 Can$, in der Regel aber 10 % des Grundpreises aufgeschlagen werden. Frühstück ist im Preis so gut wie nie inbegriffen. Zu beachten sind die speziellen Wochenendangebote vieler, zumeist größerer Hotels, die Zimmer sind dann nämlich häufig um 50 % preiswerter als sonst.

Verkehrsbestimmungen

Für den europäischen Autofahrer wird es in Kanada keine Probleme geben, da dort fast dieselben Verkehrsbestimmungen gelten wie bei uns. Manche Verkehrszeichen wirken zwar auf den ersten Blick befremdlich, lassen sich aber durch die Anordnung der Symbole leicht entschlüsseln. Alkohol am Steuer ist grundsätzlich verboten, und es herrscht Anschnallpflicht. Die Höchstgeschwindigkeit auf den meisten *Highways* (Überlandstraßen) und *Expressways* (Schnellstraßen) beträgt 100 km/h, auf den übrigen Straßen 80 km/h, in Ortschaften 50 km/h und im Bereich von Schulen 30 km/h.

Besonderheiten: In manchen Provinzen ist es zur Erhöhung der Sicherheit vorgeschrieben, auch tagsüber mit eingeschaltetem Abblendlicht zu fahren. An roten Ampeln ist es erlaubt, nach vorherigem Stopp nach rechts abzubiegen (nicht in Québec!) An rot blinkenden Schulbussen darf man nicht vorbeifahren — auch nicht aus der Gegenrichtung!

Währung

Die Währungseinheit in Kanada ist der kanadische Dollar (Can$), der in 100 cents (c) unterteilt ist. Die Dollarnoten gibt es in Einheiten von 1, 2, 5, 10, 20, 50, 100, 500 und 1000 Can$. Münzen gibt es zu 1, 5, 10, 25 und 50 Cents. Sie heißen in der angegebenen Reihenfolge Copper (oder Penny), Nickel, Dime, Quarter und Halfdollar. Die etwas klein ausgefallenen Dollarmünzen bekommt man nicht zu sehen. Es ist allgemein üblich, statt dessen eine Rolle von 1- und 2-Dollar-Scheinen mitzuführen. Wichtig ist, daß man fürs Telefonieren und Bezahlen in öffentlichen Verkehrsmitteln

Zeit 143

Münzen, insbedondere Quarters, bereithält, sonst kann man weder telefonieren noch mitfahren, denn Wechseln ist nicht vorgesehen.
Devisen dürfen in jeder beliebigen Höhe ein — und ausgeführt werden.
→*Zahlungsmittel*

Zahlungsmittel

Man sollte nur Dollar auf die Reise mitnehmen. DM werden in Kanadas Banken und Wechselstuben nicht zum Geld gerechnet. Niemand, außer einige Niederlassunggen deutscher Banken, tauscht DM, Franken oder Schilling. Manchmal lassen sich auch Wechselstuben in International Airports zum Tausch überreden, aber das ist bei den dortigen Wechselgebühren ein Minusgeschäft.
Auch Eurocheques und -karte sowie sonstige Schecks läßt man am besten zu Hause. Das europäische Schecksystem wird drüben nicht akzeptiert! Andererseits ist die Mitnahme hoher Barbeträge Leichtsinn. Dafür gibt es das eingespielte System der Travellerschecks. Die kauft man hier bei einer Bank oder beim Hauptpostamt, gestückelt nach Bedarf. Damit kann man wie mit Bargeld zahlen oder bei jeder Bank Bargeld eintauschen. Man sollte darauf achten, daß man Travellerschecks von American Express oder Cook kauft. Das sind die beiden überall akzeptierten Geldersatzmittel. Sie sind zudem gegen Verlust versichert und werden in einem solchen Fall sofort ersetzt.
Ebenso gut beraten ist, wer Plastikgeld mitführt, also eine der international gültigen Kreditkarten. Wer sich erst noch eine besorgen möchte, sollte nur Visa oder Mastercard (ist in Eurocard enthalten) nehmen. Andere Karten sind nur im Hotel oder beim Einkauf von Nutzen.
→*Währung*

Zeit

In ganz Nordamerika folgt man dem englischen System der Zeiteinteilung in zweimal 12 Stunden täglich. Die ersten 12 Tagesstunden werden mit dem Zusatz a.m. (ante meridiem) = Vormittag kenntlich gemacht, die folgenden 12 Stunden mit p.m. (post meridiem) als Nachmittag verdeutlicht. Die europäische Rechnung mit 13, 14, 15 Uhr usw. ist völlig unbekannt.

Auch das Umstellen der Uhren auf Sommerzeit ist üblich. Am ersten Aprilsonntag werden die Uhren um eine Stunde vor- und am letzten Oktobersonntag wieder zurückgestellt.

Die Ausdehnung des Kontinents bringt es mit sich, daß es in Kanada von Westen nach Osten sechs verschiedene Zeitzonen gibt.

Newfoundland liegt in der Zeitzone der Newfoundland Time, d. h. von der MEZ werden 4,5 Stunden abgezogen. Bei einem Aufenthalt in Labrador, Nova Scotia, New Brunswick und auf Prince Edward Island zieht man 5 Stunden ab (Atlantic Time) und in Québec 6 Stunden (Eastern Time).

Zoll

Für den Eigengebrauch kann der Besucher Kanadas alles zollfrei einführen. Bei teuren Geräten oder solchen, bei denen nicht offensichtlich ist, daß sie auch wieder mit nach Hause genommen werden, kann es passieren, daß man eine Sicherheitszahlung hinterlegen muß. Die bekommt man natürlich bei Ausreise und gegen Vorzeigen des Gerätes wieder.

Klug ist es, bei neuwertigen Geräten die Rechnung mitzuführen — nicht wegen des kanadischen, sondern wegen des heimatlichen Zolles bei der Rückkehr!

Personen über 16 Jahren dürfen 200 Zigaretten, 50 Zigarren bzw. 1 kg Tabak mitführen. Für die Mitnahme von 1,1 l Spirituosen muß man über 19 Jahre alt sein (Prince Edward Island und Québec über 18 Jahre), Genußmittel müssen allerdings beim Passieren des Zolls angegeben werden. Pflanzen und frische landwirtschaftliche Produkte (Obst, Gemüse, Fleisch) dürfen nicht nach Kanada eingeführt werden und Haustiere nur mit Einfuhrgenehmigung. Für Katzen und Hunde muß durch Impfzeugnis nachgewiesen werden, daß innerhalb der letzten 12 Monate eine mindestens einen Monat zurückliegende Schutzimpfung erfolgte.

Jagdwaffen (Faustfeuerwaffen sind in Kanada verboten!) plus 200 Schuß Munition dürfen zum Eigenbedarf mitgenommen werden, sollten aber zerlegt im Gepäck transportiert werden.